自然災害から人々を守る活動

監修
東京大学大学院情報学環
特任教授
片田敏孝

2

津波災害

廣済堂あかつき

自然災害《しぜんさいがい》から人々《ひとびと》を守《まも》る活動《かつどう》 2 津《つ》波《なみ》災《さい》害《がい》

目《もく》次《じ》

津波災害《つなみさいがい》の歴史《れきし》 …… 4

津波《つなみ》が引《ひ》き起《お》こす災害《さいがい》 …… 6

人々《ひとびと》を守《まも》る活動《かつどう》

1 陸前高田市役所《りくぜんたかたしやくしょ》 …… 8

2 長部地区自主防災会《おさべちくじしゅぼうさいかい》 …… 12

3 長洞元気村《ながほらげんきむら》 …… 16

4 桜《さくら》ライン311 …… 20

5 高田第一中学校《たかただいいちちゅうがっこう》 …… 24

津波災害《つなみさいがい》に備《そな》える …… 28

防災活動《ぼうさいかつどう》ワークシートの使《つか》い方《かた》 …… 30

わたしたちにできること❷

ハザードマップをつくろう …… 32

さくいん …… 34

➡8ページ

➡12ページ

➡16ページ

➡20ページ

➡24ページ

この本《ほん》の使《つか》い方《かた》

1 津波災害《つなみさいがい》について学《まな》ぶ

➡4〜7ページ

- 過去《かこ》にどこで、どんな津波災害《つなみさいがい》が起《お》こっているかわかる。
- 津波《つなみ》が起《お》こるしくみがわかる。
- 津波《つなみ》がどんな災害《さいがい》を引き起《お》こすかわかる。

➡4〜5ページ

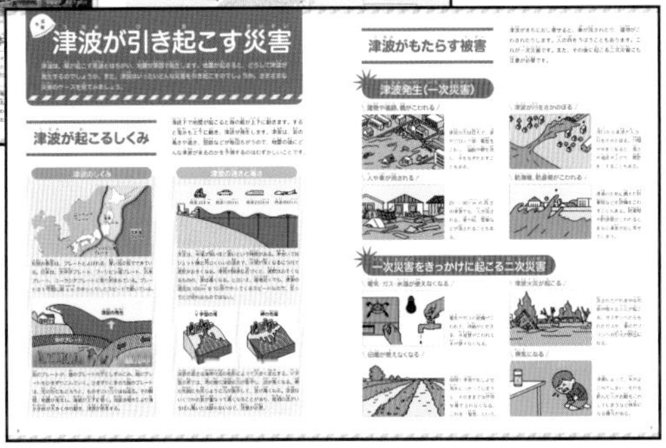

➡6〜7ページ

2 災害《さいがい》から人々《ひとびと》を守《まも》る活動《かつどう》を知《し》る

➡8〜27ページ

- 災害《さいがい》が発生《はっせい》したとき、市区町村《しくちょうそん》を中心《ちゅうしん》に、どのようにさまざまな機関《きかん》が協力《きょうりょく》するのかわかる。
- 市区町村《しくちょうそん》、自主防災会《じしゅぼうさいかい》、企業《きぎょう》、NPO《エヌピーオー》法人《ほうじん》が行《おこな》っている災害《さいがい》から人々《ひとびと》を守《まも》る活動《かつどう》がわかる。
- 中学生《ちゅうがくせい》が防災活動《ぼうさいかつどう》に取《と》り組《く》むようすがわかる。

➡8〜9ページ

➡24〜25ページ

3 防災活動《ぼうさいかつどう》をやってみる

➡28〜33ページ､ワークシート

- 「ふだんからできる津波災害《つなみさいがい》への備《そな》え」と「津波《つなみ》が起《お》こったときにできること・行《おこな》うこと」がわかる。
- 自助《じじょ》、共助《きょうじょ》、公助《こうじょ》のちがいがわかる。
- 「防災活動《ぼうさいかつどう》ワークシート」の使《つか》い方《かた》がわかる。
- ハザードマップのつくり方《かた》がわかる。

➡ワークシート

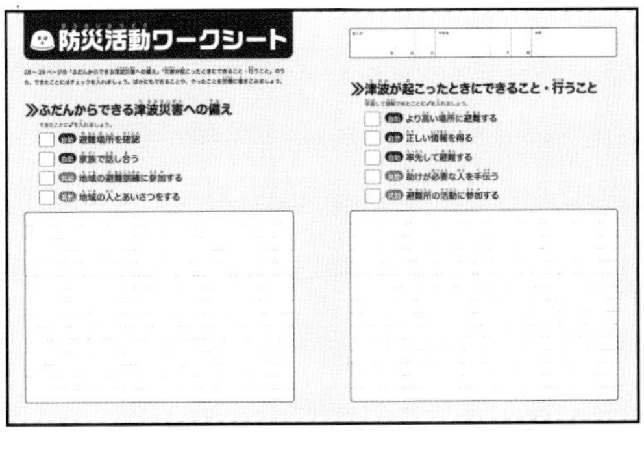

➡32〜33ページ

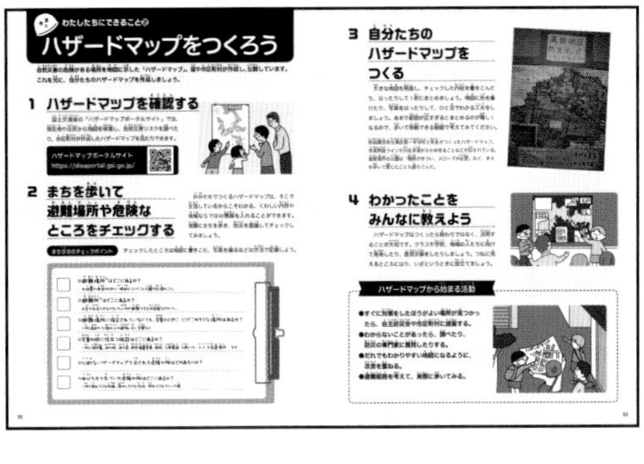

津波

津波災害《つなみさいがい》の歴史《れきし》

海底《かいてい》で地震《じしん》が起《お》きると、まちをおそう大《おお》きな津波《つなみ》が発生《はっせい》することがあります。津波《つなみ》は地震《じしん》ほどひんぱんに起《お》こりませんが、歴史《れきし》を見《み》れば、日本《にほん》に何度《なんど》も大《おお》きな被害《ひがい》をあたえてきたことがわかります。1968年《ねん》から、津波《つなみ》は英語《えいご》で「TSUNAMI《つなみ》」と表記《ひょうき》され、国際的《こくさいてき》に使用《しよう》される言葉《ことば》となっています。

写真提供：国立研究開発法人　防災科学技術研究所（自然災害情報室）

岩手県《いわてけん》宮古市《みやこし》重茂里《おもえさと》にある明治《めいじ》三陸《さんりく》地震《じしん》津《つ》波《なみ》の被害《ひがい》を伝《つた》える碑《ひ》。この集落《しゅうらく》の50戸《こ》が全滅《ぜんめつ》。250人《にん》が亡《な》くなったと記《しる》してある。

明治三陸地震津波《めいじさんりくじしんつなみ》 | 1896年《ねん》6月《がつ》15日《にち》

- 震度《しんど》2～3（震源地《しんげんち》：岩手県沖《いわてけんおき》）
- 津波《つなみ》の高《たか》さ38m《メートル》（岩手県《いわてけん》）
- 死者《ししゃ》・行方不明者《ゆくえふめいしゃ》　2万《まん》1959人《にん》

夜《よる》の7時《じ》30分《ぷん》ごろ、震度《しんど》2～3の小《ちい》さなゆれが、ゆるやかに長《なが》く続《つづ》きました。その30分後《ぷんご》、最大《さいだい》38m《メートル》ともいわれる巨大《きょだい》な津波《つなみ》がまちをおそい、岩手県《いわてけん》を中心《ちゅうしん》に、宮城県《みやぎけん》、青森県《あおもりけん》、北海道《ほっかいどう》で多《おお》くの人《ひと》が亡《な》くなりました。

© 朝日新聞社

宮城県《みやぎけん》で、水《みず》に流《なが》された家《いえ》を片《かた》づけているようす。

昭和三陸地震津波《しょうわさんりくじしんつなみ》 | 1933年《ねん》3月《がつ》3日《みっか》

- 震度《しんど》5、マグニチュード8.1（震源地《しんげんち》：岩手県沖《いわてけんおき》）
- 津波《つなみ》の高《たか》さ28.7m《メートル》（岩手県《いわてけん》）
- 死者《ししゃ》・行方不明者《ゆくえふめいしゃ》　3064人《にん》

午前《ごぜん》2時半《じはん》ごろ、岩手県《いわてけん》の三陸海岸《さんりくかいがん》で強《つよ》いゆれを感《かん》じ、地震《じしん》から約《やく》30分後《ぷんご》に最初《さいしょ》の津波《つなみ》が来《き》ました。岩手県田老村《いわてけんたろうそん》（現在《げんざい》の宮古市田老町《みやこしたろうちょう》）では、村《むら》のほとんどの家《いえ》が流《なが》され、火事《かじ》も起《お》こり、多《おお》くの人《ひと》が亡《な》くなりました。

津波《つなみ》で、宮城県気仙沼市《みやぎけんけせんぬまし》の県道《けんどう》に打《う》ち上《あ》げられた、長《なが》さ約《やく》60m《メートル》のマグロ漁船《ぎょせん》。

東日本大震災《ひがしにほんだいしんさい》 | 2011年《ねん》3月《がつ》11日《にち》

- 震度《しんど》7、マグニチュード9.0（震源地《しんげんち》：三陸沖《さんりくおき》）
- 津波《つなみ》の高《たか》さ9.3m《メートル》以上《いじょう》（福島県相馬市《ふくしまけんそうまし》）
- 死者《ししゃ》　1万《まん》9689人《にん》　●行方不明者《ゆくえふめいしゃ》　2563人《にん》

※2019年《ねん》3月1日《がつついたち》時点《じてん》

強《つよ》い地震《じしん》が発生《はっせい》し、高《たか》い津波《つなみ》が太平洋岸《たいへいようがん》に押《お》しよせました。その範囲《はんい》は北海道《ほっかいどう》、東北《とうほく》、関東《かんとう》の太平洋沿岸《たいへいようえんがん》と広《ひろ》く、多《おお》くの人命《じんめい》が失《うしな》われ、漁港《ぎょこう》、農地《のうち》、市街地《しがいち》、住宅地《じゅうたくち》などに大《おお》きな被害《ひがい》をもたらしました。

日本《にほん》で発生《はっせい》した津波《つなみ》

チリ地震津波災害《じしんつなみさいがい》のように、日本《にほん》から遠《とお》くはなれた海底《かいてい》で地震《じしん》が起《お》こっても、日本《にほん》で津波《つなみ》が発生《はっせい》します。また、震度《しんど》が小《ち》さくても津波《つなみ》が起《お》こることがあります。発生《はっせい》する地域《ちいき》を見《み》ると、日本海側《にほんかいがわ》でも津波《つなみ》は起《お》こりますが、太平洋岸《たいへいようがん》がたびたび津波《つなみ》におそわれています。

津波《つなみ》の高《たか》さ

気象庁《きしょうちょう》では、海岸《かいがん》に検潮所《けんちょうしょ》という観測施設《かんそくしせつ》を建《た》ててふだんの海面《かいめん》の高《たか》さを観測《かんそく》しています。また港《みなと》に津波観測計《つなみかんそくけい》を設置《せっち》して、津波《つなみ》の高《たか》さを測《はか》っています。津波《つなみ》の高《たか》さは、「ふだんの海面《かいめん》の高《たか》さ」と「津波《つなみ》によって海面《かいめん》が上昇《じょうしょう》した高《たか》さ」の差《さ》のことです。

※1868（明治元《めいじがん》）年以降《ねんいこう》2000年《ねん》までに100人以上《にんいじょう》の死者《ししゃ》・行方不明者《ゆくえふめいしゃ》を出《だ》した地震《じしん》および、2000年以降《ねんいこう》30cm《センチメートル》以上《いじょう》の津波《つなみ》があった地震《じしん》のうち気象庁《きしょうちょう》が名称《めいしょう》を定《さだ》めた地震《じしん》の震源地《しんげんち》を示《しめ》しています。津波《つなみ》の高《たか》さは最大《さいだい》の数字《すうじ》、『災害史《さいがいし》に学《まな》ぶ』（中央防災会議《ちゅうおうぼうさいかいぎ》『災害教訓《さいがいきょうくん》の継承《けいしょう》に関《かん》する専門委員会《せんもんいいんかい》』編《へん》）を参照《さんしょう》。地震《じしん》の名称《めいしょう》につく発生年《はっせいねん》は省略《しょうりゃく》しています。

津波《つなみ》が引《ひ》き起《お》こす災害《さいがい》

津波《つなみ》は、風《かぜ》が起《お》こす高波《たかなみ》とはちがい、地震《じしん》が原因《げんいん》で発生《はっせい》します。地震《じしん》が起《お》きると、どうして津波《つなみ》が発生《はっせい》するのでしょうか。また、津波《つなみ》はいったいどんな災害《さいがい》を引《ひ》き起《お》こすのでしょうか。さまざまな災害《さいがい》のケースを見《み》てみましょう。

津波《つなみ》が起《お》こるしくみ

海底下《かいていか》で地震《じしん》が起《お》こると海《うみ》の底《そこ》が上下《じょうげ》に動《うご》きます。すると海水《かいすい》も上下《じょうげ》に動《うご》き、津波《つなみ》が発生《はっせい》します。津波《つなみ》は、波《なみ》の高《たか》さや速《はや》さ、回数《かいすう》などが毎回《まいかい》ちがうので、地震《じしん》の後《あと》にどんな津波《つなみ》が来《く》るのかを予測《よそく》するのはむずかしいことです。

津波《つなみ》のしくみ

地球《ちきゅう》の表面《ひょうめん》は、プレートとよばれる、厚《あつ》い岩《いわ》の板《いた》でできている。日本《にほん》は、太平洋《たいへいよう》プレート、フィリピン海《かい》プレート、北米《ほくべい》プレート、ユーラシアプレートに取《と》り囲《かこ》まれている。プレートは１年間《ねんかん》に数《すう》ｃｍ《センチメートル》のゆっくりしたスピードで動《うご》いている。

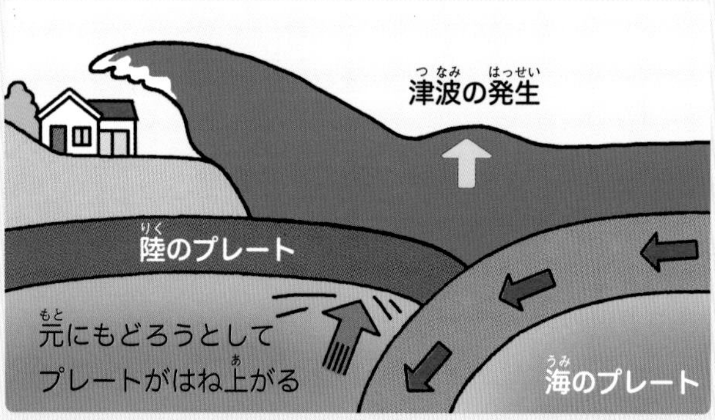

海《うみ》のプレートが、陸《りく》のプレートの下《した》にしずみこみ、陸《りく》のプレートをひきずりこんでいく。ひきずりこまれた陸《りく》のプレートは、元《もと》の形《かたち》にもどろうと、ものすごい力《ちから》ではね返《かえ》る。その瞬間《しゅんかん》、地震《じしん》が発生《はっせい》し、海底《かいてい》が上下《じょうげ》に動《うご》く。海底《かいてい》の動《うご》きにより海水全体《かいすいぜんたい》が大《おお》きくゆれ動《うご》き、津波《つなみ》が発生《はっせい》する。

津波《つなみ》の速《はや》さと高《たか》さ

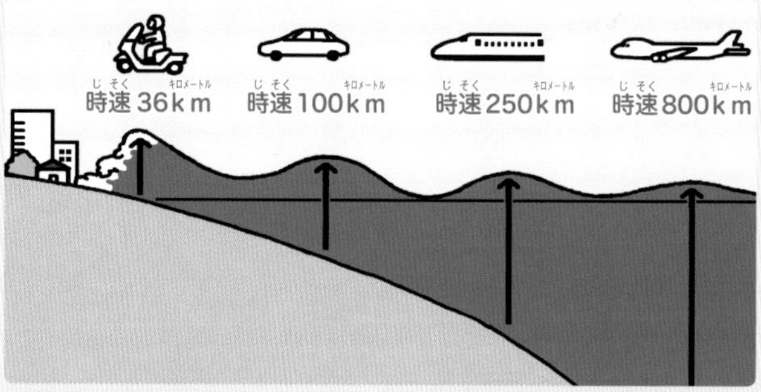

津波《つなみ》は、水深《すいしん》が深《ふか》いほど速《はや》いという特徴《とくちょう》がある。沖合《おきあ》いではジェット機《き》と同《おな》じくらいの速《はや》さで、水深《すいしん》が浅《あさ》くなるにつれて速度《そくど》がおそくなる。津波《つなみ》が陸地《りくち》に近《ちか》づくと、速度《そくど》はおそくなるものの、波《なみ》は高《たか》くなる。とはいえ、陸地近《りくちちか》くでも、津波《つなみ》の速度《そくど》は100ｍ《メートル》を10秒《びょう》でやってくるスピードなので、走《はし》ってにげ切《き》れるものではない。

V字型《ブイじがた》の湾《わん》

岬《みさき》の先端《せんたん》

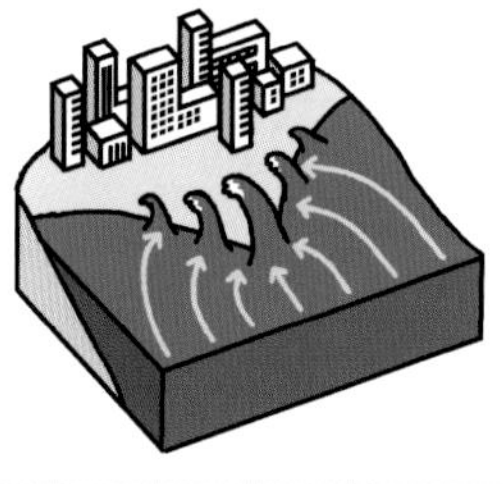

津波《つなみ》の高《たか》さは海岸付近《かいがんふきん》の地形《ちけい》によって大《おお》きく変化《へんか》する。V字型《ブイじがた》の湾《わん》では、湾《わん》の奥《おく》に津波《つなみ》の力《ちから》が集中《しゅうちゅう》し、波《なみ》が高《たか》くなる。岬《みさき》の先端《せんたん》にも同《おな》じように力《ちから》が集中《しゅうちゅう》して、波《なみ》が高《たか》くなる。津波《つなみ》はいくつかの波《なみ》が重《かさ》なって高《たか》くなることがあり、最初《さいしょ》の波《なみ》がいちばん高《たか》いとは限《かぎ》らないので、注意《ちゅうい》が必要《ひつよう》。

津波《つなみ》がもたらす被害《ひがい》

津波《つなみ》がまちにおし寄《よ》せると、車《くるま》が流《なが》されたり、建物《たてもの》がこわされたりします。人《ひと》の命《いのち》をうばうこともあります。これが一次災害《いちじさいがい》です。また、その後《ご》に起《お》こる二次災害《にじさいがい》にも注意《ちゅうい》が必要《ひつよう》です。

津波発生《つなみはっせい》(一次災害《いちじさいがい》)

建物《たてもの》や道路《どうろ》、橋《はし》がこわれる

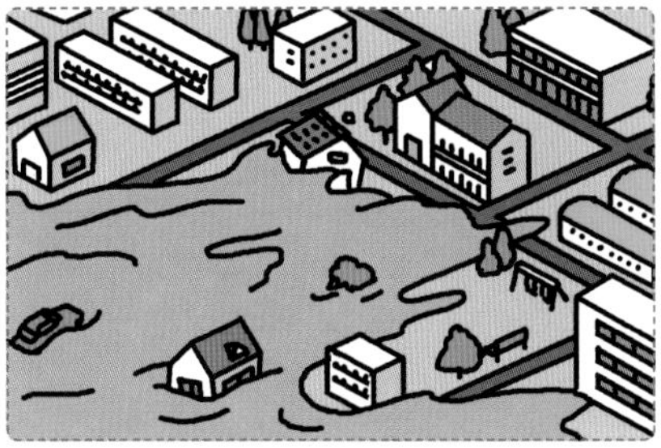

津波《つなみ》の力《ちから》は巨大《きょだい》で、家《いえ》やブロック塀《べい》、電柱《でんちゅう》をこわし、道路《どうろ》や橋《はし》を流《なが》し、木《き》をなぎたおすこともある。

津波《つなみ》が川《かわ》をさかのぼる

河口《かこう》から津波《つなみ》が入《はい》り、川《かわ》をさかのぼる。川幅《かわはば》がせまくなると、高《たか》さや速度《そくど》が上《あ》がり、堤防《ていぼう》をこえることもある。

人《ひと》や車《くるま》が流《なが》される

20～30cm《センチメートル》の高《たか》さの津波《つなみ》でも、人《ひと》が流《なが》される。車《くるま》や船《ふね》、電車《でんしゃ》などが流《なが》されることもある。

防潮堤《ぼうちょうてい》、防波堤《ぼうはてい》がこわれる

津波《つなみ》のために備《そな》えた防《ぼう》潮堤《ちょうてい》などの設備《せつび》をこわすこともある。防潮堤《ぼうちょうてい》や防波堤《ぼうはてい》がこわれると、まちに津波《つなみ》がおし寄《よ》せてしまう。

一次災害《いちじさいがい》をきっかけに起《お》こる二次災害《にじさいがい》

電気《でんき》・ガス・水道《すいどう》が使《つか》えなくなる

電気《でんき》やガスの設備《せつび》がこわれて、供給《きょうきゅう》がとだえる、水道管《すいどうかん》がこわれて水《みず》が使《つか》えなくなる。

津波火災《つなみかさい》が起《お》こる

流《なが》されたがれきや住宅《じゅうたく》、車《くるま》が燃《も》える火災《かさい》が起《お》こる。ガスボンベからもれたガスや、車《くるま》のガソリンへの引火《いんか》が原因《げんいん》になる。

田畑《たはた》が使《つか》えなくなる

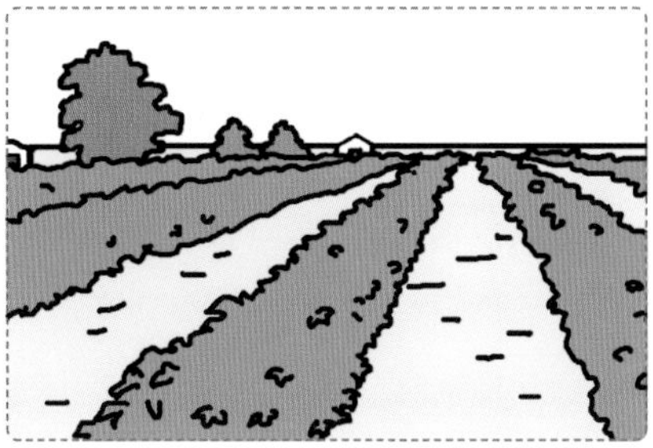

田畑《たはた》に津波《つなみ》がおしよせ、海水《かいすい》につかってしまうと、そのままでは作物《さくもつ》を育《そだ》てられなくなる。これを「塩害《えんがい》」という。

病気《びょうき》になる

津波《つなみ》によって、水《みず》がよごれてしまい、それを飲《の》んだ人《ひと》がお腹《なか》をこわしてしまうなど病気《びょうき》になる場合《ばあい》がある。

人々《ひとびと》を守《まも》る活動《かつどう》 1

陸前高田市役所《りくぜんたかたしやくしょ》

岩手県陸前高田市《いわてけんりくぜんたかたし》は、三陸海岸沿《さんりくかいがんぞ》いに位置《いち》し、東日本大震災《ひがしにほんだいしんさい》では地震《じしん》と津波《つなみ》を受《う》けて、大《おお》きな被害《ひがい》にあいました。市役所《しやくしょ》の建物《たてもの》も流《なが》された陸前高田市《りくぜんたかたし》は、災害《さいがい》とどのように向《む》き合《あ》ってきたのでしょうか。

東日本大震災《ひがしにほんだいしんさい》のときにもうけられた災害対策本部《さいがいたいさくほんぶ》のようす。市役所《しやくしょ》が流《なが》されてしまったため、災害対策本部《さいがいたいさくほんぶ》は高台《たかだい》にあった給食《きゅうしょく》センターに設置《せっち》された。

市役所《しやくしょ》、消防本部《しょうぼうほんぶ》も津波《つなみ》の被害《ひがい》に

陸前高田市《りくぜんたかたし》は、1896 年《ねん》の明治三陸地震津波《めいじさんりくじしんつなみ》、1933 年《ねん》の昭和三陸地震津波《しょうわさんりくじしんつなみ》、1960 年《ねん》のチリ地震津波《じしんつなみ》で、大《おお》きな被害《ひがい》にあったため、地域《ちいき》の人《ひと》たちでつくる自主防災組織《じしゅぼうさいそしき》では防災訓練《ぼうさいくんれん》を通《とお》して、津波《つなみ》に備《そな》えていました。しかし、2011 年の東日本大震災《ひがしにほんだいしんさい》では、予想以上《よそういじょう》に大《おお》きな津波《つなみ》が陸前高田市《りくぜんたかたし》をおそいました。災害《さいがい》に対応《たいおう》するはずの市役所《しやくしょ》や消防本部《しょうぼうほんぶ》も津波《つなみ》に流《なが》され、県《けん》や国《くに》に緊急事態《きんきゅうじたい》を知《し》らせることすらできない状況《じょうきょう》でした。

キーワード

東日本大震災《ひがしにほんだいしんさい》

2011 年《ねん》3 月《がつ》11 日《にち》、太平洋《たいへいよう》の三陸沖《さんりくおき》で地震《じしん》が発生《はっせい》し、東日本《ひがしにほん》の太平洋沿岸《たいへいようえんがん》で津波《つなみ》が観測《かんそく》された。陸前高田市《りくぜんたかたし》では震度《しんど》6 弱《じゃく》のゆれと最大《さいだい》17.6 m《メートル》の津波《つなみ》におそわれ、海《うみ》に近《ちか》かった場所《ばしょ》のほとんどが被害《ひがい》を受《う》けた。市《し》の人口《じんこう》2 万《まん》4246 人《にん》のうち死者《ししゃ》は 1550 人《にん》、行方不明者《ゆくえふめいしゃ》は 207 人《にん》にのぼり、こわれた家《いえ》は 4041 棟《むね》となった。

市役所《しやくしょ》と関係機関《かんけいきかん》のつながり

下《した》の図《ず》は、津波災害《つなみさいがい》が起《お》こったときの市役所《しやくしょ》と関係機関《かんけいきかん》のつながりを表《あらわ》したものです。しかし、東日本大震災《ひがしにほんだいしんさい》のときは被害《ひがい》が大《おお》きかったため、このようなつながりがすぐにはとれず、少《すこ》しずつ関係機関《かんけいきかん》と連携《れんけい》をとっていきました。

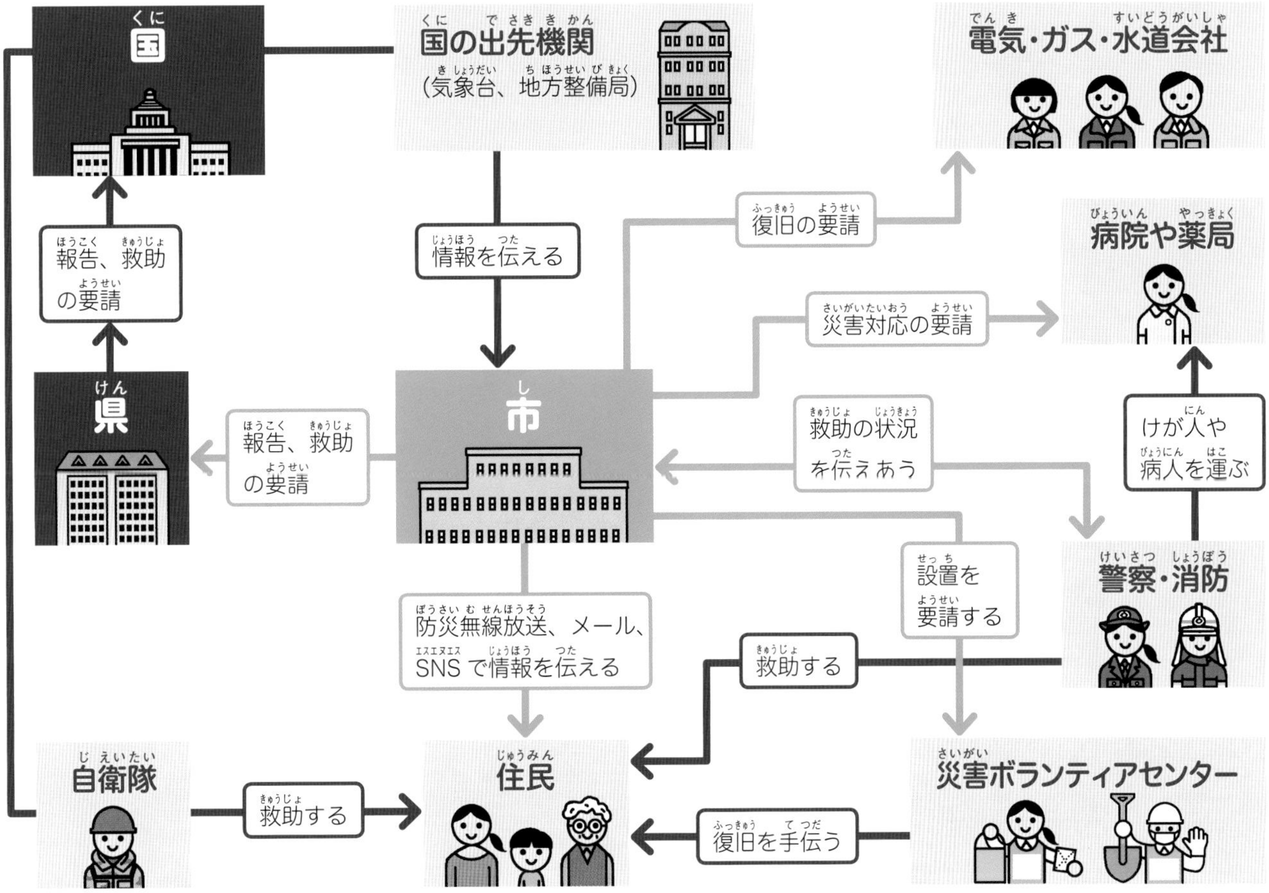

高台《たかだい》の給食《きゅうしょく》センターに災害対策本部《さいがいたいさくほんぶ》を設置《せっち》

市役所《しやくしょ》の職員《しょくいん》のうち4分《ぶん》の1が亡《な》くなり、津波《つなみ》の直後《ちょくご》は市役所《しやくしょ》の機能《きのう》が止《と》まりました。災害《さいがい》が起《お》こると、市《し》はまず、県《けん》に報告《ほうこく》をしますが、通信《つうしん》が断《た》たれて連絡《れんらく》ができません。消防署《しょうぼうしょ》や消防団《しょうぼうだん》の人々《ひとびと》が、がれきの中《なか》を歩《ある》いて集《あつ》まり、無線連絡《むせんれんらく》で市外《しがい》へ救助《きゅうじょ》を求《もと》めました。そして自衛隊《じえいたい》がかけつけ、やっと救助活動《きゅうじょかつどう》が始《はじ》まりました。

市《し》は高台《たかだい》の給食《きゅうしょく》センターに災害対策本部《さいがいたいさくほんぶ》を設置《せっち》し、市民《しみん》が家族《かぞく》や友人《ゆうじん》の安否《あんぴ》を確認《かくにん》する場所《ばしょ》をつくりました。

奥《おく》に見《み》えるのが市役所《しやくしょ》。建物《たてもの》の最上階《さいじょうかい》である3階《かい》まで津波《つなみ》が押《お》し寄《よ》せた。屋根《やね》の上《うえ》に避難《ひなん》している人《ひと》たちの姿《すがた》も見《み》える。

ほかの自治体《じちたい》が市役所《しやくしょ》を支援《しえん》

当時《とうじ》はさまざまな届出《とどけで》の受付《うけつけ》など、市役所《しやくしょ》の仕事《しごと》をしたくても、紙《かみ》もえんぴつもない状況《じょうきょう》でした。となりの住《すみ》田町役場《たちょうやくば》から届出用紙《とどけでようし》のコピーをもらって代《か》わりに使《つか》っていました。東京都《とうきょうと》や近《ちか》くの市区町村《しくちょうそん》から職員《しょくいん》が仕事《しごと》を手伝《てつだ》いに来《き》ました。名古屋市《なごやし》は「行政丸《ぎょうせいまる》ごと支援《しえん》」と名《な》づけ、いろいろな課《か》から144人《にん》の職員《しょくいん》を派遣《はけん》し、仕事《しごと》を行《おこな》いました。

市役所《しやくしょ》の支援《しえん》にやってきたほかの市区町村《しくちょうそん》の職員《しょくいん》。

高台《たかだい》の給食《きゅうしょく》センターから、国《くに》が建《た》てたプレハブ（簡易的《かんいてき》な建物《たてもの》）に災害対策本部《さいがいたいさくほんぶ》を移《うつ》し、救助《きゅうじょ》・捜索活動《そうさくかつどう》を続《つづ》けた。

災害《さいがい》から１年後《ねんご》の 2012 年《ねん》３月《がつ》に撮影《さつえい》された写真《しゃしん》。陸前高田市立《りくぜんたかたしりつ》第一中学校《だいいちちゅうがっこう》（今《いま》の高田第一中学校《たかただいいちちゅうがっこう》）で震災後初《しんさいごはつ》の市議会《しぎかい》を開《ひら》いた。

見直《みなお》した津波対策《つなみたいさく》

東日本大震災《ひがしにほんだいしんさい》を経験《けいけん》し、陸前高田市《りくぜんたかたし》では災害《さいがい》への対策《たいさく》を大《おお》きく見直《みなお》しました。それを市民《しみん》に知《し》ってもらうために、震災《しんさい》の報告書《ほうこくしょ》と避難方法《ひなんほうほう》を記《しる》したマニュアルをつくり、説明会《せつめいかい》を開《ひら》いて配《くば》りました。災害《さいがい》のときに陸前高田《りくぜんたかた》市《し》が大切《たいせつ》にしていることは「避難《ひなん》が何《なに》より重要《じゅうよう》」ということです。市《し》の職員《しょくいん》もふくめ、市内《しない》にいるすべての人《ひと》が自分《じぶん》の命《いのち》を自分《じぶん》で守《まも》れるように、避難経路《ひなんけいろ》をわかりやすく表示《ひょうじ》する工夫《くふう》をしたり、避難訓練《ひなんくんれん》を通《とお》して市民《しみん》への防《ぼう》災教育《さいきょういく》を進《すす》めたりしています。

市《し》がつくった報告書《ほうこくしょ》と避難《ひなん》マニュアル。マニュアルの内容《ないよう》はスマートフォンなどを使《つか》い、音声《おんせい》で聞《き》くこともできる。

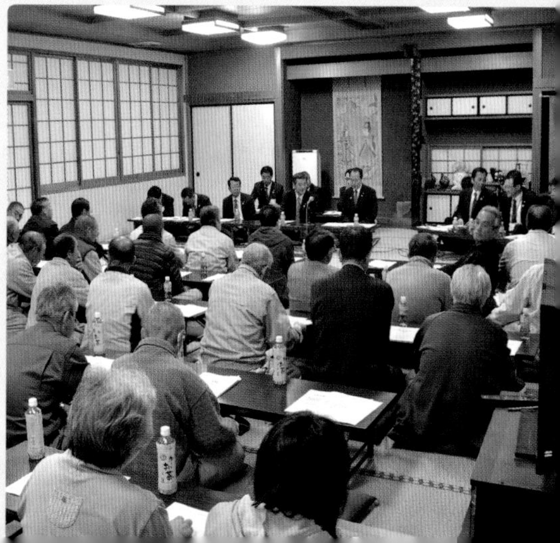

避難《ひなん》マニュアルの住民説明会《じゅうみんせつめいかい》。「想《そう》定《てい》をはるかにこえる災害《さいがい》が来《く》る可能《かのう》性《せい》を考《かんが》えて行動《こうどう》してほしい」と市役《しやく》所《しょ》の人《ひと》が話《はな》した。

災害《さいがい》に備《そな》えた 消防防災《しょうぼうぼうさい》センター

市民《しみん》の生活《せいかつ》を再建《さいけん》することを最優先《さいゆうせん》し、陸前高田市役《りくぜんたかたしやく》所《しょ》は今《いま》もプレハブのままです。しかし次《つぎ》の災害《さいがい》に備《そな》え、消防防災《しょうぼうぼうさい》センターを建設《けんせつ》しました。センターには消防本《しょうぼうほん》部《ぶ》、消防署《しょうぼうしょ》、消防団《しょうぼうだん》、市《し》の防災局《ぼうさいきょく》が入《はい》っていて、災害時《さいがいじ》には市《し》と消防《しょうぼう》がすばやく情報《じょうほう》をやりとりできます。センターは、東日本大震災後《ひがしにほんだいしんさいご》、市《し》が最初《さいしょ》につくった公共施設《こうきょうしせつ》です。市《し》は、震災《しんさい》の教訓《きょうくん》から、同時《どうじ》に災害《さいがい》がおこりにくいと考《かんが》えられる、遠《とお》く離《はな》れた市区町村《しくちょうそん》と、災害《さいがい》が起《お》こったときに協力《きょうりょく》し合《あ》う体制《たいせい》を整《ととの》えています。

新《あたら》しく市内《しない》に建設《けんせつ》された消防防災《しょうぼうぼうさい》センター。

消防防災《しょうぼうぼうさい》センターの設備《せつび》

センター内《ない》には、災害時《さいがいじ》に備《そな》えてさまざまな設備《せつび》が用意《ようい》されています。その一部《いちぶ》を紹介《しょうかい》します。

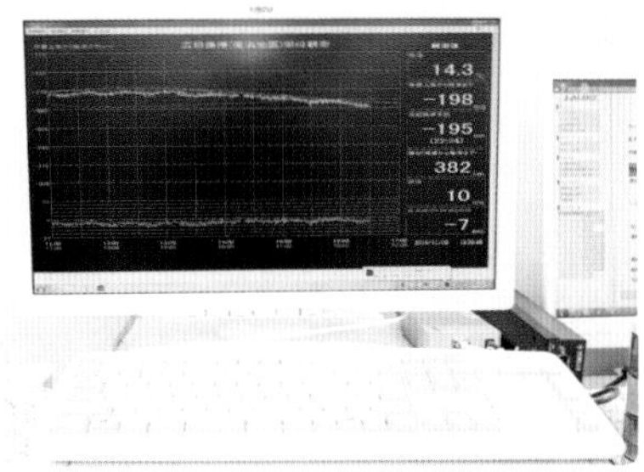
市内《しない》の広田漁港《ひろたぎょこう》の潮位《ちょうい》を常《つね》に観測《かんそく》している画面《がめん》。何《なに》か異常《いじょう》があるとアラームが鳴《な》るようになっている。

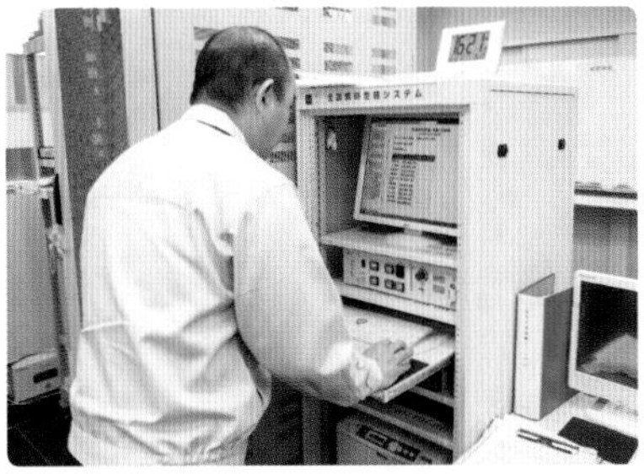
J《ジェイ》アラート※の受信機《じゅしんき》を確認《かくにん》する職員《しょくいん》。ほかに防災無線放送《ぼうさいむせんほうそう》の発信機《はっしんき》や、災害《さいがい》時《じ》に国《くに》や県《けん》と連絡《れんらく》を取《と》り合《あ》うための電《でん》話《わ》とファックス機《き》なども用意《ようい》してある。

災害対策本部《さいがいたいさくほんぶ》の部屋《へや》がつねに準備《じゅんび》されている。市役所内《しやくしょない》の各部署《かくぶしょ》がどの席《せき》に着《つ》くかも決《き》まっているため、リーダーとなる職員《しょくいん》の安否《あんぴ》もすぐわかる。

陸前高田市役所《りくぜんたかたしやくしょ》
防災局《ぼうさいきょく》 防災課《ぼうさいか》
中村吉雄《なかむらよしお》さんのお話《はなし》

空《から》ぶりをおそれずに避難《ひなん》しよう

海《うみ》のそばで地震《じしん》にあったら、ゆれがおさまると同時《どうじ》に、だれかの指《し》示《じ》や津波情報《つなみじょうほう》を待《ま》たずに避難《ひなん》を始《はじ》めてください。津波《つなみ》が目前《もくぜん》に迫《せま》ったら、100 m《メートル》を9秒台《びょうだい》のペースで走《はし》り続《つづ》けないと、にげ切《き》れません。そんなことはだれもできませんね。小学生《しょうがくせい》、中学生《ちゅうがくせい》のみなさんには自《じ》分《ぶん》が避難《ひなん》のリーダーになるんだという気《き》持《も》ちを持《も》っていただきたいです。避難《ひなん》して何《なに》ごともなかったとき「空《から》ぶり」だったととらえる人《ひと》がいますが、それはちがいます。何《なに》ごともなかったのは幸運《こううん》なんです。どんなときでも避難《ひなん》の行動《こうどう》を起《お》こすことが大切《たいせつ》です。

※J《ジェイ》アラート：「全国瞬時警報《ぜんこくしゅんじけいほう》システム」のこと。地震《じしん》や津波《つなみ》などの緊急事態《きんきゅうじたい》に、国《くに》から都道府県《とどうふけん》や市区町村《しくちょうそん》のほか国民《こくみん》にも直接《ちょくせつ》、速《すみ》やかに情報《じょうほう》を知《し》らせる。

人々《ひとびと》を守《まも》る活動《かつどう》2

長部地区《おさべちく》 自主防災会《じしゅぼうさいかい》

陸前高田市《りくぜんたかたし》の長部地区《おさべちく》には7つの集落《しゅうらく》があります。2004年《ねん》に各《かく》集落《しゅうらく》に支部《しぶ》をおき、7支部《しぶ》を合《あ》わせて「長部地区自主防災会《おさべちくじしゅぼうさいかい》」としました。どのような防災《ぼうさい》の取《と》り組《く》みをしているのでしょうか？

防災訓練《ぼうさいくんれん》で公民館《こうみんかん》の前《まえ》に集《あつ》まり、班《はん》ごとに整列《せいれつ》する地域《ちいき》の人《ひと》たち。

津波《つなみ》に備《そな》えていた長部地区《おさべちく》

長部地区自主防災会《おさべちくじしゅぼうさいかい》は2004年《ねん》に発足《ほっそく》し、「地震《じしん》があったら津波《つなみ》、大雨《おおあめ》が降《ふ》ったら洪水《こうずい》」を想定《そうてい》して、「高台《たかだい》などに避難《ひなん》することが鉄則《てっそく》」を合言葉《あいことば》に、市《し》の指導《しどう》のもと、防災訓練《ぼうさいくんれん》をしてきました。

7つある集落《しゅうらく》のひとつ、福伏地区《ふっぷしちく》では元消防団長《もとしょうぼうだんちょう》の菅《かん》野征一《のせいいち》さんが、「いつか必《かなら》ず津波《つなみ》が来《く》る、そのときは全《ぜん》員逃《いんに》げられるように」と震災《しんさい》の6年前《ねんまえ》から独自《どくじ》の訓練《くんれん》をしていました。

右《みぎ》の地図中《ちずちゅう》、濃《こ》い水色《みずいろ》でぬられている部分《ぶぶん》が、東日本《ひがしにほん》大震災《だいしんさい》のとき、長《おさ》部地区《べちく》で浸水《しんすい》した場所《ばしょ》。

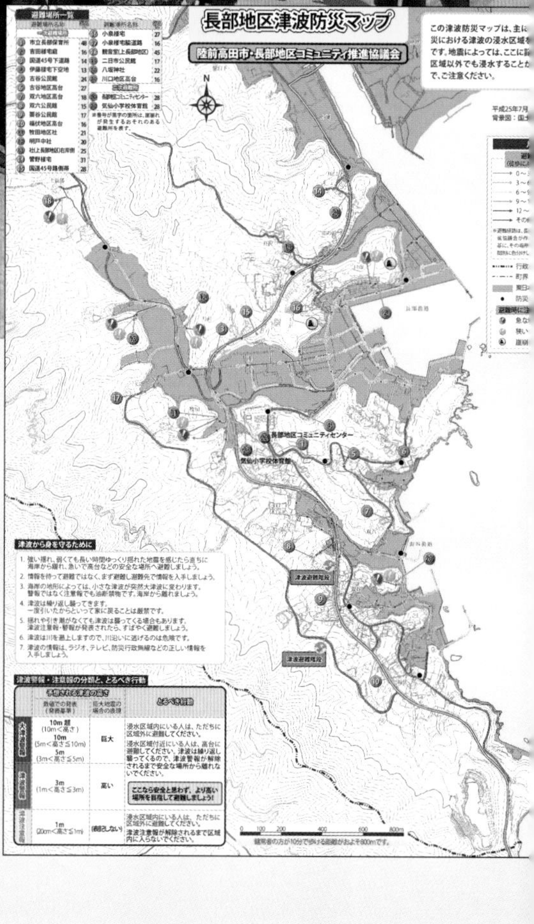

海《うみ》に面《めん》した長部地区《おさべちく》を、津波《つなみ》がおそった

海《うみ》に面《めん》した長部地区《おさべちく》では、明治三陸地震津波《めいじさんりくじしんつなみ》、昭和三《しょうわさん》陸地震津波《りくじしんつなみ》、チリ地震津波《じしんつなみ》で大《おお》きな被害《ひがい》を受《う》けてきました。東日本大震災《ひがしにほんだいしんさい》でも、津波《つなみ》が多《おお》くの建物《たてもの》をこわし、田《た》畑《はた》を流《なが》しました。また、長部川《おさべがわ》を津波《つなみ》が上《のぼ》り、川沿《かわぞ》いにも被害《ひがい》がおよんでいます。

長部地区《おさべちく》の被災状況《ひさいじょうきょう》

人口《じんこう》1500人中《にんちゅう》　死者《ししゃ》・行方不明者《ゆくえふめいしゃ》47人《にん》
全戸数《ぜんこすう》500戸中《こちゅう》　流出《りゅうしゅつ》した戸数《こすう》約《やく》200戸《こ》

2011年《ねん》3月《がつ》11日《にち》の長部地区《おさべちく》。多《おお》くの家《いえ》が津波《つなみ》におそわれている。

1年半後《ねんはんご》の2012年《ねん》9月《がつ》11日《にち》に、同《おな》じ場所《ばしょ》を撮影《さつえい》した写真《しゃしん》。

「津波《つなみ》が来《く》るから、もどってはだめだ」

福伏地区《ふっぷしちく》には、約《やく》150人《にん》が暮《く》らしていました。避難《ひなん》場所《ばしょ》が海《うみ》に近《ちか》かったため、そこへは行《い》かず、自主的《じしゅてき》に高《たか》い場所《ばしょ》へ避難《ひなん》しました。多《おお》くの住民《じゅうみん》は助《たす》かりましたが、1人《ひとり》が亡《な》くなりました。荷物《にもつ》を取《と》りに帰《かえ》ろうとして、避《ひ》難《なん》する人《ひと》たちと反対方向《はんたいほうこう》に行《い》ったことが原因《げんいん》です。「みんなで止《と》めたけれど、自宅《じたく》にもどり、津波《つなみ》に飲《の》まれてしまいました。避難訓練通《ひなんくんれんどお》りに行動《こうどう》していればとくやしい思《おも》いです」と長部地区自主防災会《おさべちくじしゅぼうさいかい》の菅野《かんの》さんは話《はな》します。

避難《ひなん》の意識調査《いしきちょうさ》（陸前高田市《りくぜんたかたし》）

地震《じしん》の後《あと》、避難《ひなん》を考《かんが》えなかった人《ひと》にその理由《りゆう》を聞《き》きました。

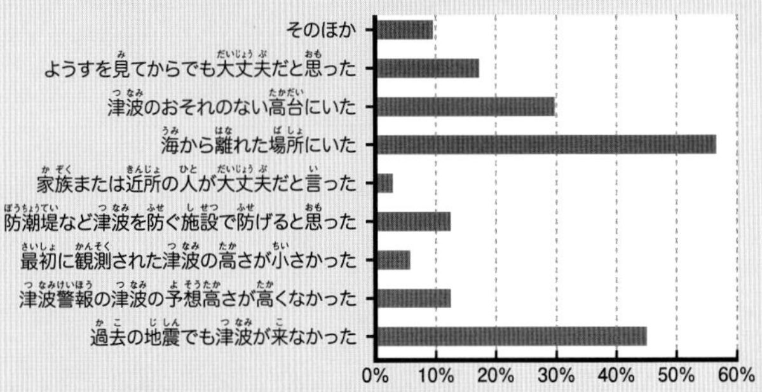

出典《しゅってん》：陸前高田市東日本大震災検証報告書《りくぜんたかたしひがしにほんだいしんさいけんしょうほうこくしょ》（2014年《ねん》7月《がつ》）より

震災後《しんさいご》の防災活動《ぼうさいかつどう》

予想《よそう》をはるかに越《こ》えた大津波《おおつなみ》で、長部地区《おさべちく》でも大《おお》きな被害《ひがい》が出《で》ました。特《とく》に過去《かこ》に津波《つなみ》が来《き》たことがなかった長部川《おさべがわ》の上流地域《じょうりゅうちいき》では、住民《じゅうみん》の避難《ひなん》が間《ま》に合《あ》わなかった場所《ばしょ》もありました。そうした被災状況《ひさいじょうきょう》を取《と》りまとめて、防災《ぼうさい》に役立《やくだ》てようという活動《かつどう》が始《はじ》まりました。まず、市《し》の防災課《ぼうさいか》が被災状況《ひさいじょうきょう》や避難場所《ひなんばしょ》について住民《じゅうみん》に聞《き》き取《と》りを行《おこな》いました。そして、住民《じゅうみん》や自主防災会《じしゅぼうさいかい》の声《こえ》をもとに津波被害《つなみひがい》のあった場所《ばしょ》や、避難場所《ひなんばしょ》を地図《ちず》にまとめた「ハザードマップ」を作成《さくせい》し、避難訓練《ひなんくんれん》にも活用《かつよう》しています。

東日本大震災《ひがしにほんだいしんさい》の後《あと》、新《あら》たにつくられたハザードマップ。自宅《じたく》のかべにはったり、避難訓練《ひなんくんれん》で使《つか》ったりと住民《じゅうみん》に活用《かつよう》されている。

長部地区《おさべちく》の自主防災会《じしゅぼうさいかい》のしくみ

長部地区《おさべちく》は７つの支部《しぶ》に分《わ》かれていて、支部《しぶ》は40～100戸《こ》の世帯《せたい》からなります。支部長《しぶちょう》や班長《はんちょう》などの役員《やくいん》は、自営業《じえいぎょう》の人《ひと》や自宅《じたく》にいることが多《おお》い60歳以上《さいいじょう》の人《ひと》がにない、組織《そしき》を運営《うんえい》しています。

各支部《かくしぶ》には４つの班《はん》があり、班《はん》ごとに班長《はんちょう》１人《ひとり》と２、３人《にん》の班員《はんいん》がいます。情報連絡班《じょうほうれんらくはん》の人《ひと》は、テレビや市《し》の防災無線放送《ぼうさいむせんほうそう》などで災害《さいがい》の情報《じょうほう》を得《え》たらすぐに、ハンドマイクやメガホンを使《つか》って住民《じゅうみん》に避難《ひなん》を呼《よ》びかけます。班員《はんいん》ではない住民《じゅうみん》も、食事《しょくじ》づくりや救護《きゅうご》に協力《きょうりょく》します。

長部地区自主防災会《おさべちくじしゅぼうさいかい》の会長《かいちょう》となった菅野《かんの》さんは、「全部《ぜんぶ》の支部《しぶ》、班《はん》が心《こころ》を一《ひと》つにし、地区全体《ちくぜんたい》が一丸《いちがん》となることが大切《たいせつ》」と話《はな》します。

消防防災《しょうぼうぼうさい》センターの設備《せつび》

陸前高田市役所《りくぜんたかたしやくしょ》 → 長部地区自主防災会本部《おさべちくじしゅぼうさいかいほんぶ》

- 二日市支部《ふつかいちしぶ》　支部長《しぶちょう》
- 湊支部《みなとしぶ》　支部長《しぶちょう》
- 古谷支部《こやしぶ》　支部長《しぶちょう》
- 双六支部《すごろくしぶ》　支部長《しぶちょう》
- 要谷支部《ようがいしぶ》　支部長《しぶちょう》
- 福伏支部《ふっぷししぶ》　支部長《しぶちょう》
- 上長部支部《かみおさべしぶ》　支部長《しぶちょう》

情報連絡班《じょうほうれんらくはん》　災害《さいがい》の情報《じょうほう》や警報《けいほう》が発令《はつれい》されたら、住民《じゅうみん》に避難情報《ひなんじょうほう》を伝《つた》える。

避難救助班《ひなんきゅうじょはん》　軽乗用車《けいじょうようしゃ》などを使用《しよう》して、自力《じりき》で避難《ひなん》することが難《むずか》しい住民《じゅうみん》を避難所《ひなんじょ》に運《はこ》ぶ。

炊出給食班《たきだしきゅうしょくはん》　地域《ちいき》でお米《こめ》などの食料《しょくりょう》を集《あつ》め、公民館《こうみんかん》で食事《しょくじ》を作《つく》る。

救急救護班《きゅうきゅうきゅうごはん》　避難場所《ひなんばしょ》に救急箱《きゅうきゅうばこ》や毛布《もうふ》を用意《ようい》し、病人《びょうにん》やけが人《にん》の対応《たいおう》をする。

すべての支部《しぶ》に、この４つの班《はん》がある。

役割《やくわり》を決《き》め、協力《きょうりょく》して助《たす》け合《あ》う

自然災害《しぜんさいがい》にともなって起《お》こる被害《ひがい》を想定《そうてい》し、すぐに高台《たかだい》や避難所《ひなんじょ》に避難《ひなん》することは、住民《じゅうみん》の命《いのち》を守《まも》るうえでとても大切《たいせつ》です。そのためには、災害《さいがい》が起《お》こったとき、すばやく行動《こうどう》できるように、事前《じぜん》に役割《やくわり》を決《き》めておくことが欠《か》かせません。東日本大震災《ひがしにほんだいしんさい》では、寝《ね》たきりの人《ひと》が避難《ひなん》できずに自宅《じたく》で被災《ひさい》してしまいました。自主防災会《じしゅぼうさいかい》ではその教訓《きょうくん》を生《い》かして、「だれがだれを助《たす》けに行《い》くか」といった細《こま》かい役割《やくわり》も住民《じゅうみん》たちで話《はな》し合《あ》い、もしものときに協力《きょうりょく》できるようにしているのです。

避難救助班《ひなんきゅうじょはん》が、自力《じりき》で移動《いどう》することが難《むずか》しい高齢者《こうれいしゃ》を避難《ひなん》させる。

地区《ちく》の集合場所《しゅうごうばしょ》にいったん集《あつ》まり、連《つ》れ立《だ》って支部《しぶ》の避難所《ひなんじょ》に向《む》かう人《ひと》たち。

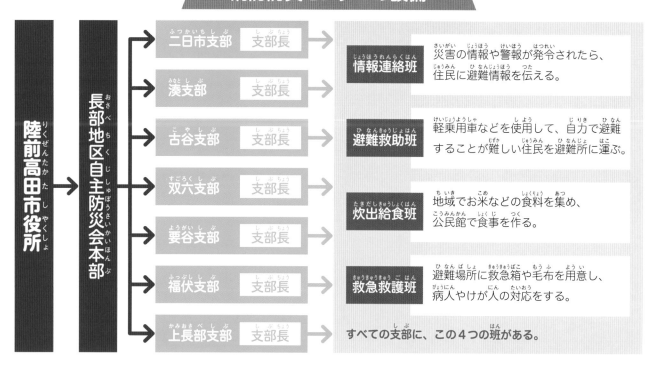

3.11を忘《わす》れないために

東日本大震災後《ひがしにほんだいしんさいご》は、自主防災会《じしゅぼうさいかい》が主体《しゅたい》となって定期的《ていきてき》に避難訓練《ひなんくんれん》を行《おこな》うようにしました。訓練《くんれん》は「3.11を忘《わす》れないように」と、毎年《まいとし》3月《がつ》の第一日曜日《だいいちにちようび》、午前《ごぜん》11時《じ》ごろに実施《じっし》します。

日曜日《にちようび》にしたのは、地域《ちいき》に暮《く》らす人《ひと》だけでなく、平日《へいじつ》は働《はたら》きに出《で》ている人《ひと》や子《こ》どもたちにも参加《さんか》してほしいという思《おも》いからです。避難訓練《ひなんくんれん》では、防災無線《ぼうさいむせん》の放送《ほうそう》やポンプ車《しゃ》を走《はし》らせての広報活動《こうほうかつどう》、消火訓練《しょうかくんれん》も行《おこな》います。

避難訓練《ひなんくんれん》で集合《しゅうごう》した地域《ちいき》の人《ひと》たち。

グループに分《わ》かれて避難所《ひなんじょ》の運営《うんえい》について学《まな》んだ。

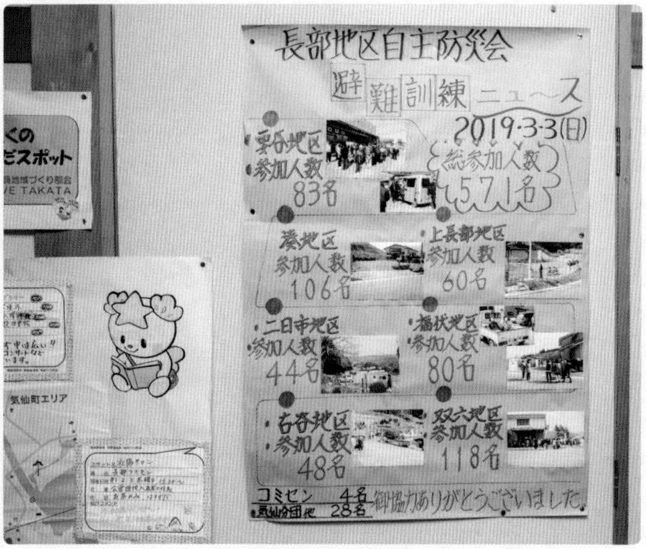

避難訓練《ひなんくんれん》が終《お》わると、記録《きろく》をまとめて掲示《けいじ》した。

長部地区自主防災会会長《おさべちくじしゅぼうさいかいかいちょう》
菅野征一《かんのせいいち》さんのお話《はなし》

早《はや》めの避難《ひなん》を心《こころ》がけて命《いのち》を守《まも》る

私《わたし》たちのまちでは子《こ》どものころから、地震《じしん》があったら津波《つなみ》、大雨《おおあめ》が降《ふ》ったら洪水《こうずい》や土石流《どせきりゅう》が起《お》こる可能性《かのうせい》があると教《おし》えられてきました。そのため、地震《じしん》や台風《たいふう》、大雨《おおあめ》などのときは災害《さいがい》に巻《ま》きこまれないように避難《ひなん》をします。

みなさんも、身《み》のまわりや住《す》んでいる地域《ちいき》でどのような災害《さいがい》が起《お》こるのかを想像《そうぞう》してみてください。そして、みなさんでよく話《はな》し合《あ》っておき、被害《ひがい》が起《お》こる前《まえ》に必《かなら》ず避難《ひなん》することを徹底《てってい》してください。これだけは忘《わす》れずにいてほしいと思《おも》います。

人々《ひとびと》を守《まも》る活動《かつどう》3

長洞元気村《ながほらげんきむら》

長洞地区《ながほらちく》は、陸前高田市《りくぜんたかたし》の広田半島《ひろたはんとう》に位置する集落《しゅうらく》です。東日本大《ひがしにほんだい》震災《しんさい》では津波《つなみ》の被害《ひがい》を受《う》けましたが住民一丸《じゅうみんいちがん》となって乗《の》り越《こ》え、現在《げんざい》は震災《しんさい》を伝《つた》える活動《かつどう》や防災教育《ぼうさいきょういく》を行《おこな》っています。

海外《かいがい》から視察《しさつ》にやってきた人《ひと》たちが参加《さんか》した防災《ぼうさい》ワークショップ。

場所《ばしょ》

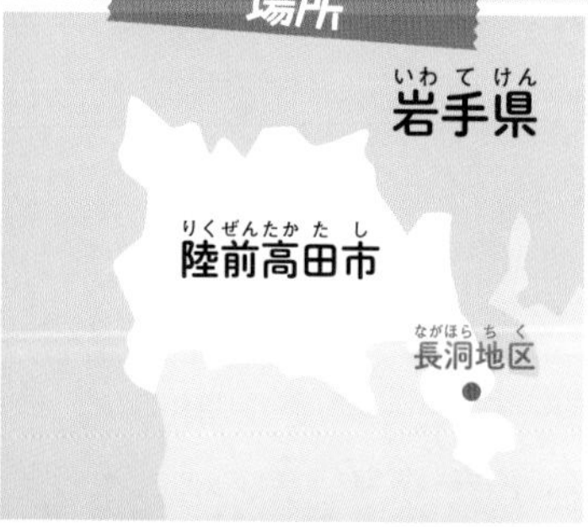

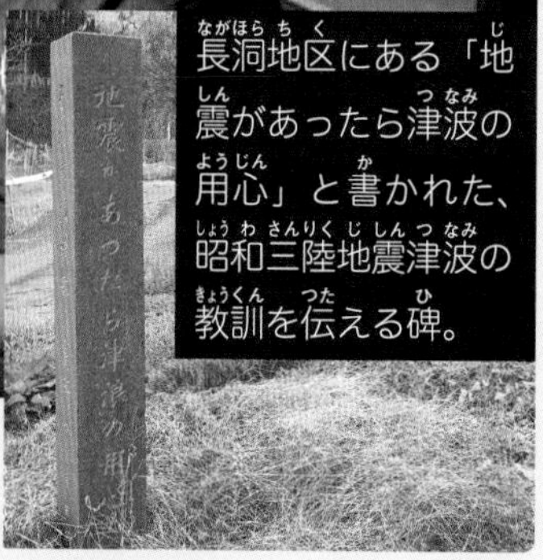

長洞地区《ながほらちく》にある「地震《じしん》があったら津波《つなみ》の用心《ようじん》」と書《か》かれた、昭和三陸地震津波《しょうわさんりくじしんつなみ》の教訓《きょうくん》を伝《つた》える碑《ひ》。

合言葉《あいことば》は「津波《つなみ》てんでんこ」

震災前《しんさいまえ》の長洞地区《ながほらちく》には、約《やく》200人《にん》の住民《じゅうみん》が暮《く》らしていました。住民《じゅうみん》の多《おお》くは自分《じぶん》の船《ふね》を持《も》っていました。この地域《ちいき》に伝《つた》わる「津波《つなみ》てんでんこ」という言葉《ことば》は、「自分《じぶん》の命《いのち》は自分《じぶん》で守《まも》りなさい」という意味《いみ》。明治三陸地震《めいじさんりくじしん》津波《つなみ》、昭和三陸地震津波《しょうわさんりくじしんつなみ》、チリ地震津波《じしんつなみ》を経験《けいけん》した地元《じもと》の人《ひと》たちから代々伝《だいだいつた》わる教《おし》えです。そして2011年《ねん》3月《がつ》11日《にち》、東日本大震災《ひがしにほんだいしんさい》が発生《はっせい》。長洞地区《ながほらちく》の海沿《うみぞ》いを大《おお》きな津波《つなみ》がおそいました。

キーワード

長洞元気村《ながほらげんきむら》

長洞元気村《ながほらげんきむら》は、長洞地区《ながほらちく》の住民《じゅうみん》からなる組織《そしき》。海産物《かいさんぶつ》の販売《はんばい》や防災教育《ぼうさいきょういく》、体験活動《たいけんかつどう》などを行《おこな》っている。目指《めざ》すのは「震災前《しんさいまえ》の長洞地区《ながほらちく》にもどすのではなくて、もっと暮《く》らしやすい地域《ちいき》にしていく」こと。津波《つなみ》の被害《ひがい》によって住《す》む場所《ばしょ》は高台《たかだい》へ移動《いどう》したが「地域《ちいき》のつながりを守《まも》りたい」という思《おも》いで始《はじ》めた活動《かつどう》を現在《げんざい》も続《つづ》けている。

長洞元気村《ながほらげんきむら》の歩《あゆ》み

津波《つなみ》は、地震《じしん》が起《お》きてからすぐに来《く》るわけではありません。中《なか》には「津波《つなみ》が来《こ》ないだろう」と家《いえ》の片《かた》づけをしている人《ひと》もいましたが、住民同士《じゅうみんどうし》で「津波《つなみ》が来《く》るから、逃《に》げろ」と声《こえ》をかけ合《あ》って高《たか》いところへ避難《ひなん》しました。

2011年《ねん》 3月《がつ》11日《にち》

避難行動《ひなんこうどう》

長洞地区《ながほらちく》では震災前《しんさいまえ》から定期的《ていきてき》に避難《ひなん》訓練《くんれん》を行《おこな》っていたため、住民《じゅうみん》は事前《じぜん》に決《き》めていた避難場所《ひなんばしょ》へスムーズに逃《に》げることができました。その日《ひ》、長洞地《ながほらち》区《く》にいた人《ひと》は全員《ぜんいん》が助《たす》かりました。

津波《つなみ》で家《いえ》が流《なが》されるようす。

住宅《じゅうたく》の被害《ひがい》

長洞地区《ながほらちく》は60世帯《せたい》のうち28世帯《せたい》が津波《つなみ》で流《なが》されてしまいました。

高台《たかだい》に避難《ひなん》した人々《ひとびと》。

避難生活《ひなんせいかつ》

無事《ぶじ》だった親戚《しんせき》や友人《ゆうじん》の家《いえ》に分《わ》かれて避難《ひなん》をする「分宿避難《ぶんしゅくひなん》」をすることにしました。自治会《じちかい》が主体《しゅたい》となり、食料《しょくりょう》を集《あつ》めて分《わ》け合《あ》うことで、住民《じゅうみん》の命《いのち》をつなぎました。

長洞地区《ながほらちく》の模型《もけい》。灰色《はいいろ》の部分《ぶぶん》が津《つ》波《なみ》の被害《ひがい》を受《う》けた地域《ちいき》。

3月《がつ》18日《にち》

長洞元気学校《ながほらげんきがっこう》の始《はじ》まり

津波被害《つなみひがい》で小中学校《しょうちゅうがっこう》の授業再開《じゅぎょうさいかい》の見通《みとお》しが立《た》たない中《なか》、小学生《しょうがくせい》のために学《まな》ぶ場所《ばしょ》を確保《かくほ》しようという動《うご》きが起《お》こりました。地域《ちいき》に住《す》む元校長《もとこうちょう》の家《いえ》を借《か》りて「長洞元気学校《ながほらげんきがっこう》」が始《はじ》まりました。

長洞元気学校《ながほらげんきがっこう》で勉強《べんきょう》する小《しょう》学生《がくせい》。

7月《がつ》

元気学校《げんきがっこう》から元気村《げんきむら》へ

家《いえ》を失《うしな》った住民《じゅうみん》のための仮設住宅団地《かせつじゅうたくだんち》が建設《けんせつ》されました。住民《じゅうみん》が主体《しゅたい》となり地域《ちいき》の再建《さいけん》を話《はな》し合《あ》います。この団地《だんち》の自治会名《じちかいめい》を、長洞元気学校《ながほらげんきがっこう》の名前《なまえ》をとって「長洞元気村《ながほらげんきむら》」と名《な》づけました。

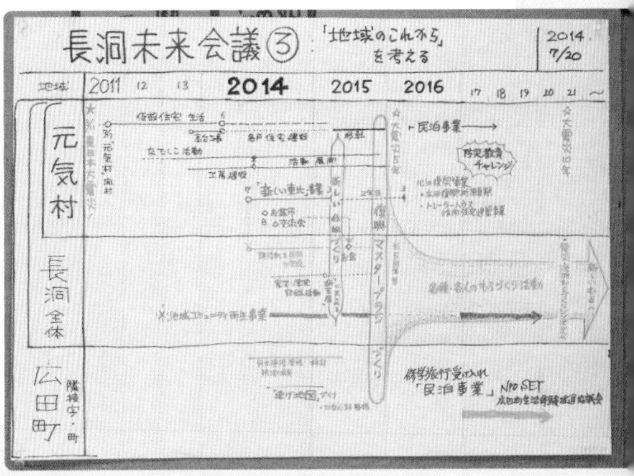

地域《ちいき》の未来《みらい》を考《かんが》える「長洞未来《ながほらみらい》会議《かいぎ》」が行《おこな》われ、長洞元気村《ながほらげんきむら》の活《かつ》動《どう》が始《はじ》まった。

長洞元気村《ながほらげんきむら》の活動《かつどう》のスタート

震災《しんさい》が起《お》きてから、長洞地区《ながほらちく》にはボランティア活動《かつどう》のために世界中《せかいじゅう》から人々《ひとびと》が訪《おとず》れるようになりました。そこで長洞元気村《ながほらげんきむら》では、彼《かれ》らに震災《しんさい》の状況《じょうきょう》を伝《つた》える活動《かつどう》を始《はじ》めました。

仮設住宅《かせつじゅうたく》の住民《じゅうみん》は、自分《じぶん》たちの家《いえ》を建《た》てるなどして暮《く》らしを立《た》て直《なお》し、仮設住宅《かせつじゅうたく》は2015年《ねん》3月《がつ》に解体《かいたい》されました。自治会《じちかい》としての長洞元気村《ながほらげんきむら》は解散《かいさん》となりましたが、一般社団法人長洞元気村《いっぱんしゃだんほうじんながほらげんきむら》となり、活動《かつどう》を続《つづ》けることにしました。

長洞元気村《ながほらげんきむら》の活動拠点《かつどうきょてん》となる建物《たてもの》。海《うみ》のすぐ近《ちか》くにある。

長洞元気村《ながほらげんきむら》の防災活動《ぼうさいかつどう》

長洞元気村《ながほらげんきむら》では、災害《さいがい》の状況《じょうきょう》を伝《つた》える活動《かつどう》の次《つぎ》に、被《ひ》災《さい》した体験《たいけん》を生《い》かして、防災教育《ぼうさいきょういく》を始《はじ》めました。ゲーム形式《けいしき》にしたり、船《ふね》に乗《の》って海《うみ》を感《かん》じたりすることで、楽《たの》しみながら防災《ぼうさい》の知識《ちしき》を深《ふか》めることができます。今《いま》では、中学生《ちゅうがくせい》や高校生《こうこうせい》、留学生《りゅうがくせい》などの学生《がくせい》のほか、企業《きぎょう》や海外《かいがい》の医師団《いしだん》、行政担当者《ぎょうせいたんとうしゃ》などが訪《おとず》れます。

また、メンバーが全国各地《ぜんこくかくち》に出向《でむ》いて、講演会《こうえんかい》や防災《ぼうさい》のイベントに参加《さんか》することもあります。

防災《ぼうさい》ワークショップ

防災《ぼうさい》ゲーム「クロスロード※」を使用《しよう》してゲーム形式《けいしき》で災害《さいがい》を学《まな》んでいく。参加者《さんかしゃ》は、地震《じしん》や津波《つなみ》が起《お》こった状況《じょうきょう》を想像《そうぞう》しながら「もしも、自分《じぶん》だったらどうする？」と考《かんが》え、意見《いけん》を交換《こうかん》しながら防災《ぼうさい》について学《まな》ぶ。

防災《ぼうさい》ピクニッククルージング

高《たか》い波《なみ》から人々《ひとびと》を守《まも》る「防潮堤《ぼうちょうてい》」を見学《けんがく》したり、船《ふね》に乗《の》って海《うみ》から復興《ふっこう》のようすを視察《しさつ》したりする。

修学旅行生《しゅうがくりょこうせい》の受《う》け入《い》れ

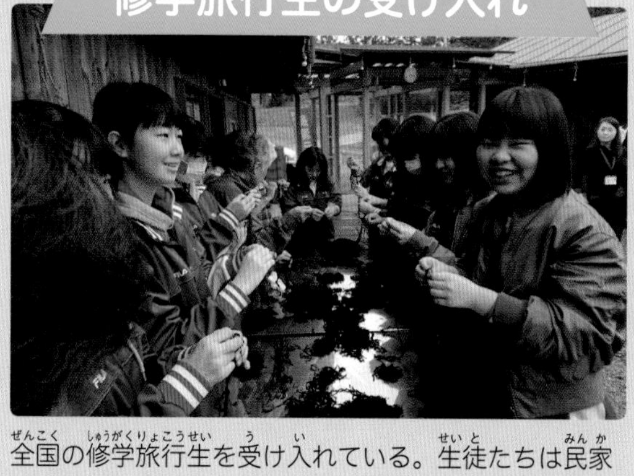

全国《ぜんこく》の修学旅行生《しゅうがくりょこうせい》を受《う》け入《い》れている。生徒《せいと》たちは民家《みんか》に泊《と》まって長洞地区《ながほらちく》の暮《く》らしを体験《たいけん》したり、講演《こうえん》や防《ぼう》災《さい》ワークショップを通《とお》して防災《ぼうさい》について学《まな》ぶ。

※クロスロード：1995年《ねん》に発生《はっせい》した「阪神《はんしん》・淡路大震災《あわじだいしんさい》」で、災害対応《さいがいたいおう》にあたった神戸市職員《こうべしょくいん》へのインタビューを元《もと》につくられた、カードゲーム式《しき》の教材《きょうざい》。

地元《じもと》を盛《も》り上《あ》げる なでしこ会《かい》

いつも長洞元気村《ながほらげんきむら》を明《あか》るく盛《も》り上《あ》げているのが、地域《ちいき》の女性《じょせい》の集《あつ》まり「なでしこ会《かい》」です。なでしこ会《かい》は、ワカメ、カキ、ホタテ、アワビなど地元《じもと》の食材《しょくざい》を使《つか》った特産品《とくさんひん》を作《つく》り、販売《はんばい》しています。地元《じもと》の料理《りょうり》をふるまいながら訪《おとず》れた人《ひと》とおしゃべりをする交流会《こうりゅうかい》も開《ひら》かれます。

なでしこ会《かい》へ食材《しょくざい》を提供《ていきょう》するために、漁師《りょうし》のみなさんもがんばって漁《りょう》に出《で》ています。

「お客《きゃく》さんが喜《よろこ》んでくれるからうれしいね」と、いつも笑顔《えがお》のなでしこ会《かい》のみなさん。

村上《むらかみ》さんの元自宅《もとじたく》で 学《まな》ぶ震災《しんさい》と復興《ふっこう》

長洞元気村《ながほらげんきむら》の事務局長《じむきょくちょう》の村上誠二《むらかみせいじ》さんは、津波《つなみ》の被害《ひがい》を受《う》けた自宅《じたく》を見学《けんがく》してもらえるように「津波伝承館《つなみでんしょうかん》」として公開《こうかい》しています。家《いえ》の中《なか》には、震災当時《しんさいとうじ》のようすがわかる写真《しゃしん》や資料《しりょう》が展示《てんじ》されています。

津波到達地点《つなみとうたつちてん》を記《しる》した看板《かんばん》からは、家《いえ》の２階《かい》まで津《つ》波《なみ》が到達《とうたつ》したことがわかります。長洞元気村《ながほらげんきむら》を訪《おとず》れた人《ひと》たち向《む》けに、村上《むらかみ》さんの元自宅《もとじたく》で防災《ぼうさい》ワークショップを行《おこな》うこともあります。

当時《とうじ》のまま保《ほ》存《ぞん》されている家《いえ》の内部《ないぶ》。

津波《つなみ》が到達《とうたつ》した高《たか》さを示《しめ》している看板《かんばん》。

一般社団法人長洞元気村《いっぱんしゃだんほうじんながほらげんきむら》
事務局長《じむきょくちょう》
村上誠二《むらかみせいじ》さんのお話《はなし》

人《ひと》は助《たす》け合《あ》って生《い》きていく

海《うみ》の近《ちか》くにいるときに大《おお》きな地震《じしん》が起《お》きたら、すぐに高《たか》いところへ逃《に》げましょう。合言葉《あいことば》は「津波《つなみ》てんでんこ」。自分《じぶん》の命《いのち》は自分《じぶん》で守《まも》ることを意識《いしき》してください。

そして、人《ひと》はひとりでは生《い》きていけません。一生懸命防災《いっしょうけんめいぼうさい》をしても、自然災害《しぜんさいがい》は必《かなら》ず起《お》こります。その時《とき》は、どうやってみんなで助《たす》け合《あ》うのか、協力《きょうりょく》して乗《の》り越《こ》えていくのか、ということも重要《じゅうよう》です。ふだんからまわりの人《ひと》と助《たす》け合《あ》い、支《ささ》え合《あ》うことを忘《わす》れない生活《せいかつ》をすること。それが、災害時《さいがいじ》に命《いのち》を守《まも》るいちばんの力《ちから》になるはずです。

桜《さくら》ライン311

認定《にんてい》 NPO《エヌピーオー》 法人桜《ほうじんさくら》ライン 311 は、陸前高田市内《りくぜんたかたしない》の津波《つなみ》の到達地点《とうたつちてん》に桜《さくら》を植《う》え、桜並木《さくらなみき》をつくろうとしています。その意味《いみ》を後世《こうせい》に伝《つた》えることで、未来《みらい》の津波《つなみ》による被害《ひがい》を減《へ》らすことを目指《めざ》しています。

2018 年春《ねんはる》、陸前高田市米崎町《りくぜんたかたしよねさきちょう》での植樹会《しょくじゅかい》のようす。桜《さくら》ライン 311 の WEB《ウェブ》 サイトなどでの募集《ぼしゅう》を見《み》て、参加者《さんかしゃ》がやってくる。

地震《じしん》が起《お》きたら桜《さくら》の木《き》より高《たか》い場所《ばしょ》へ

2011 年《ねん》 3 月《がつ》 11 日《にち》、津波《つなみ》が陸前高田《りくぜんたかた》のまちを飲《の》みこみました。防潮堤《ぼうちょうてい》を超《こ》える高《たか》さの津波《つなみ》が来《く》る可能性《かのうせい》をもっと多《おお》くの人《ひと》が知《し》っていれば、助《たす》かる命《いのち》があったかもしれません。「震災《しんさい》の痕跡《こんせき》を、教訓《きょうくん》として次《つぎ》の世代《せだい》へ伝《つた》えたい」という思《おも》いから、桜《さくら》を植《う》える取《と》り組《く》みが始《はじ》まりました。古《ふる》くから日本人《にほんじん》に親《した》しまれる桜《さくら》が目印《めじるし》となり、地震《じしん》が起《お》きたら、人々《ひとびと》が桜《さくら》の木《き》より高《たか》い場所《ばしょ》へ逃《に》げることを習慣《しゅうかん》づけたいと考《かんが》えています。

キーワード

桜《さくら》ライン311

桜《さくら》ライン 311 は、支援者《しえんしゃ》からの寄付《きふ》により活動《かつどう》している。桜《さくら》の植樹場所《しょくじゅばしょ》の許可《きょか》を取《と》り、桜《さくら》の苗木《なえぎ》を調達《ちょうたつ》し、植樹会《しょくじゅかい》を開催《かいさい》して参加者《さんかしゃ》と一緒《いっしょ》に木《き》を植《う》え、植《う》えた後《あと》の桜《さくら》の木《き》を管理《かんり》する。また、小学校《しょうがっこう》、中学校《ちゅうがっこう》、高校《こうこう》との植樹活動《しょくじゅかつどう》、自然災害《しぜんさいがい》の正《ただ》しい知識《ちしき》を伝《つた》える防災教育《ぼうさいきょういく》や講演活動《こうえんかつどう》、被災地《ひさいち》への支援活動《しえんかつどう》などを行《おこな》う。

津波《つなみ》の到達地点《とうたつちてん》に桜並木《さくらなみき》をつくる

桜《さくら》ライン311は、陸前高田市《りくぜんたかたし》の津波《つなみ》の到達地点《とうたつちてん》をつないだ170km《キロメートル》に桜《さくら》を植《う》えて桜並木《さくらなみき》の線《せん》をつくることを目指《めざ》しています。2011年《ねん》に活動《かつどう》を開始《かいし》してから、これまでに1700本《ほん》の桜《さくら》の木《き》を植《う》えました（2019年《ねん》12月《がつ》時点《じてん》）。植樹《しょくじゅ》の目標本数《もくひょうほんすう》は1万《まん》7000本《ぼん》です。津波《つなみ》で荒《あ》れた土地《とち》の復興工事中《ふっこうこうじちゅう》で、なかなか植《う》えることができなかった地域《ちいき》にも、少《すこ》しずつ桜《さくら》を植《う》え始《はじ》めています。

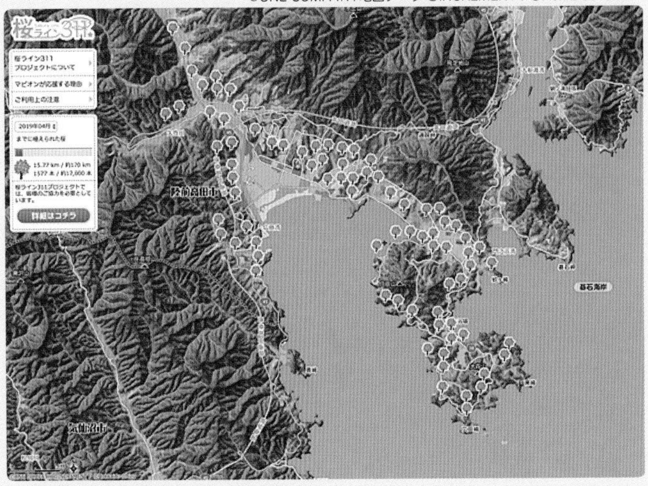

これまでに植《う》えられた桜《さくら》の場所《ばしょ》がわかる「桜ライン311プロジェクト応援《おうえん》マップ」。最初《さいしょ》は点々《てんてん》と植《う》えられていたが、だんだんとつながって線《せん》になってきた。写真《しゃしん》は2019年《ねん》4月時点《がつじてん》のもの。

次《つぎ》の世代《せだい》につなげる何《なに》かを

この活動《かつどう》の始《はじ》まりは2011年《ねん》8月《がつ》でした。「石碑《せきひ》とは別《べつ》のかたちで、震災《しんさい》の記憶《きおく》をつなげるものは何《なん》だろう」と考《かんが》えたとき、「桜《さくら》の木《き》を植《う》える」というアイデアが生《う》まれ、それに賛同《さんどう》した10人《にん》で活動《かつどう》を立《た》ち上《あ》げました。メンバーは23～45歳《さい》、東日本大震災《ひがしにほんだいしんさい》で被災《ひさい》した人々《ひとびと》でした。かさ上《あ》げなどの行政《ぎょうせい》の復興計画《ふっこうけいかく》が進《すす》む土地《とち》では、作業《さぎょう》が終《お》わらないと植樹《しょくじゅ》できない、被災《ひさい》により土地《とち》の所有者《しょゆうしゃ》を探《さが》すのが大変《たいへん》といった、被災地《ひさいち》ならではの苦労《くろう》をしながら、少《すこ》しずつ活動《かつどう》を進《すす》めていきました。

陸前高田市小友町《りくぜんたかたしおともちょう》で、小友小学校《おともしょうがっこう》の6年生《ねんせい》が卒業記念植樹《そつぎょうきねんしょくじゅ》をしているようす。この場所《ばしょ》は、震災前《しんさいまえ》は小高《こだか》い杉林《すぎばやし》だった。市内《しない》では今《いま》も土地《とち》の整備《せいび》が続《つづ》けられ、工事中《こうじちゅう》の地域《ちいき》があちこちに見《み》られる。

まちの復興《ふっこう》を見守《みまも》る桜《さくら》の木《き》

最初《さいしょ》に桜《さくら》の木《き》を植《う》えたのは、2011年《ねん》11月《がつ》6日《か》のことでした。鎮魂《ちんこん》の意味《いみ》をこめて、浄土寺《じょうどじ》という市《し》の中心部《ちゅうしんぶ》にあるお寺《てら》と交渉《こうしょう》し、賛同《さんどう》を得《え》て5本《ほん》の桜《さくら》を植樹《しょくじゅ》しました。浄土寺《じょうどじ》は、山側《やまがわ》の高台《たかだい》にありながら津波《つなみ》の被害《ひがい》を受《う》けた場所《ばしょ》です。まちの変化《へんか》とともに桜《さくら》も移動《いどう》や撤去《てっきょ》の心配《しんぱい》があります。しかし、お寺《てら》ならこの先《さき》もずっと同《おな》じ場所《ばしょ》にあり続《つづ》ける可能性《かのうせい》が高《たか》いと考《かんが》え、この場所《ばしょ》を選《えら》びました。

まちを見下《みお》ろすように咲《さ》く浄土寺《じょうどじ》の桜《さくら》（2019年撮影《ねんさつえい》）。植《う》えたときは、がれきの山《やま》だったまちに、新《あたら》しい家《いえ》が建《た》ち始《はじ》めている。

さまざまな植樹活動《しょくじゅかつどう》

　桜《さくら》は、植《う》える場所《ばしょ》を所有《しょゆう》している住民《じゅうみん》から許可《きょか》をもらってから、植樹《しょくじゅ》します。植《う》えた後《あと》は、草刈《くさか》りや落《お》ち葉《ば》の掃除《そうじ》などの管理《かんり》を継続《けいぞく》して行《おこな》います。

　自分《じぶん》の所有地《しょゆうち》に植樹《しょくじゅ》を許可《きょか》した女性《じょせい》は、東日本大震災《ひがしにほんだいしんさい》で夫《おっと》と息子《むすこ》を亡《な》くしていました。あるとき「生《い》き残《のこ》ってよかったと思《おも》えたことは正直《しょうじき》ほとんどないけれど、明日《あす》も生《い》きたいと思《おも》うのは、この桜《さくら》を植《う》えた人《ひと》たちが全国《ぜんこく》から桜《さくら》を見《み》に来《き》てくれるから」と話《はな》してくれたそうです。桜《さくら》ライン 311 代表《だいひょう》の岡本翔馬《おかもとしょううま》さんは、この活動《かつどう》が人《ひと》と人《ひと》のつながりを生《う》んでいると実感《じっかん》したと言《い》います。

植樹会《しょくじゅかい》

植樹会《しょくじゅかい》には全国各地《ぜんこくかくち》から多《おお》くの人《ひと》がやってくる。震災《しんさい》を経験《けいけん》していない人《ひと》でも、陸前高田市《りくぜんたかたし》を訪《おとず》れれば東日本大震災《ひがしにほんだいしんさい》を感《かん》じることができる。桜《さくら》ライン 311 では、災害《さいがい》を「自分《じぶん》のこと」としてとらえてもらいたいと考《かんが》えている。

学校植樹会《がっこうしょくじゅかい》

「震災《しんさい》の記憶《きおく》がない子《こ》どもたちに教訓《きょうくん》を伝《つた》えたい」「成長《せいちょう》とともに植樹《しょくじゅ》の意味《いみ》を理解《りかい》していってほしい」という願《ねが》いをこめて学校《がっこう》を対象《たいしょう》にした植樹会《しょくじゅかい》を実施《じっし》している。小学生《しょうがくせい》たちが協力《きょうりょく》し合《あ》って、自分《じぶん》たちのまちに苗木《なえぎ》を植《う》える。

気仙小学校《けせんしょうがっこう》６年生《ねんせい》（2019 年《ねん》３月《がつ》）

米崎小学校《よねさきしょうがっこう》６年生《ねんせい》（2019 年《ねん》２月《がつ》）

小友小学校《おともしょうがっこう》６年生《ねんせい》（2017 年《ねん》３月《がつ》）

人々《ひとびと》の歩《あゆ》みに合《あ》わせた植樹《しょくじゅ》

　津波《つなみ》が到達《とうたつ》した場所《ばしょ》に桜《さくら》を植《う》えることは、大切《たいせつ》な人《ひと》を亡《な》くしたことを思《おも》い出《だ》すことにもつながります。悲《かな》しみを乗《の》りこえる時間《じかん》は人《ひと》それぞれ。桜《さくら》ライン 311 では、植樹《しょくじゅ》の交渉《こうしょう》をするときには急《いそ》いで話《はなし》を進《すす》めずに、相手《あいて》の話《はなし》をよく聞《き》いて活動《かつどう》することを大事《だいじ》にしています。

　一方《いっぽう》で復興《ふっこう》が進《すす》み、震災《しんさい》の爪《つめ》あとが少《すこ》しずつ見《み》えなくなってきている今《いま》、「教訓《きょうくん》になるものを残《のこ》さなくてはいけない」と住民《じゅうみん》の意識《いしき》が高《たか》まっています。「桜《さくら》を植《う》えたい」と連絡《れんらく》をしてくる人《ひと》が増《ふ》え、着実《ちゃくじつ》に植樹《しょくじゅ》は進《すす》んでいます。

植樹作業《しょくじゅさぎょう》の前《まえ》に、参加者全員《さんかしゃぜんいん》で海《うみ》に向《む》かって手《て》を合《あ》わせる。

防災《ぼうさい》の行動《こうどう》を起《お》こしてほしい

多《おお》くの人《ひと》に震災《しんさい》の教訓《きょうくん》を伝《つた》えるため、桜《さくら》ライン 311 は取《と》り組《く》みを紹介《しょうかい》し、防災《ぼうさい》の知識《ちしき》を伝《つた》える講演活動《こうえんかつどう》を全国《ぜんこく》で行《おこな》っています。訪問先《ほうもんさき》は学校《がっこう》や地域《ちいき》の自主防災組織《じしゅぼうさいそしき》、市区町村《しくちょうそん》、企業《きぎょう》などです。

講演《こうえん》を聞《き》き、「家《いえ》に帰《かえ》って家族《かぞく》に話《はな》し、備蓄用《びちくよう》の水《みず》を買《か》った」という人《ひと》や、防災士《ぼうさいし》※の資格《しかく》を取得《しゅとく》した人《ひと》もいました。岡本《おかもと》さんは、「防災《ぼうさい》は行動《こうどう》することが大事《だいじ》。実際《じっさい》に何《なに》か行動《こうどう》を起《お》こしてくれることが、何《なに》よりうれしい」と話《はな》します。

※防災士《ぼうさいし》：防災《ぼうさい》の知識《ちしき》と技能《ぎのう》を習得《しゅうとく》した人《ひと》が試験《しけん》や講習《こうしゅう》を受《う》けて取得《しゅとく》する全国《ぜんこく》共通《きょうつう》の資格《しかく》。

修学旅行《しゅうがくりょこう》で陸前高田市《りくぜんたかたし》を訪《おとず》れた長野県《ながのけん》の中学生《ちゅうがくせい》が講演《こうえん》を聞《き》く。

震災《しんさい》の恩《おん》を送《おく》る

東日本大震災《ひがしにほんだいしんさい》のとき、陸前高田市《りくぜんたかたし》に対《たい》して全国《ぜんこく》から寄付《きふ》があり、ボランティアにかけつけてくれた人《ひと》たちがいました。桜《さくら》ライン 311 では、その恩《おん》をだれかにわたす「恩送《おんおく》り」を大事《だいじ》にしています。

災害《さいがい》で大《おお》きな被害《ひがい》が出《で》た地域《ちいき》に対《たい》して募金《ぼきん》を集《あつ》めて送《おく》る、ボランティアに参加《さんか》するなどの支援活動《しえんかつどう》を行《おこな》っています。支援先《しえんさき》は海外《かいがい》にも広《ひろ》がり、2013 年《ねん》には台風《たいふう》で大《おお》きな被害《ひがい》を受《う》けたフィリピンに募金《ぼきん》を送《おく》りました。

市内《しない》のレストラン「クローバー」のレジ横《よこ》に置《お》かれた募金箱《ぼきんばこ》。2019 年《ねん》 10 月《がつ》の千葉県台風被害《ちばけんたいふうひがい》への募金箱《ぼきんばこ》の設置《せっち》には食堂《しょくどう》や商店《しょうてん》など 20 か所《しょ》の協力《きょうりょく》があった。

桜《さくら》ライン311　代表《だいひょう》
岡本翔馬《おかもとしょうま》さんのお話《はなし》

いっときの防災《ぼうさい》でなく、続《つづ》けてほしい

日本《にほん》は世界一自然災害《せかいいちしぜんさいがい》の危険性《きけんせい》が高《たか》い国《くに》です。そこに住《す》む私《わたし》たちにとって、自然災害《しぜんさいがい》はくらしと切《き》り離《はな》せないものなのです。だから、こわがったり避《さ》けたりするのではなく、「大雨《おおあめ》が降《ふ》るから避難所《ひなんじょ》に逃《に》げておこう」というように、一人《ひとり》ひとりがあたり前《まえ》のように行動《こうどう》できるようになってほしいと思《おも》っています。

防災《ぼうさい》は、一回《いっかい》やれば終《お》わりではありません。毎日漢字《まいにちかんじ》の書《か》きとりを練習《れんしゅう》するうちに、普通《ふつう》に漢字《かんじ》が書《か》けるようになるように、考《かんが》えることや学《まな》ぶことを続《つづ》けていけば、自然《しぜん》と身《み》についていくと思《おも》います。

人々《ひとびと》を守《まも》る活動《かつどう》5

高田第一中学校《たかただいいちちゅうがっこう》

東日本大震災《ひがしにほんだいしんさい》のとき、高田第一中《たかただいいちちゅう》学校《がっこう》は地域《ちいき》の重要《じゅうよう》な災害拠点《さいがいきょてん》となりました。2019年《ねん》まで校庭《こうてい》に仮設住宅《かせつじゅうたく》があったこの中学校《ちゅうがっこう》の生徒《せいと》たちは、復興《ふっこう》そして災害《さいがい》から人々《ひとびと》を守《まも》る活動《かつどう》を実践《じっせん》し続《つづ》けています。

静岡県《しずおかけん》が開発《かいはつ》した、避難所《ひなんじょ》での対応《たいおう》を学《まな》ぶためのカードゲーム「避難所運営《ひなんじょうんえい》HUG《ハグ》」を通《とお》して、避難所運営《ひなんじょうんえい》について学《まな》ぶ3年生《ねんせい》。

被災《ひさい》した市民《しみん》が集《あつ》まった中学校《ちゅうがっこう》

2011年《ねん》3月《がつ》11日《にち》の午前《ごぜん》、中学校《ちゅうがっこう》では新《あたら》しい体育館《たいいくかん》の完成式典《かんせいしきてん》が行《おこな》われました。その日《ひ》の午後《ごご》に震災《しんさい》が発生《はっせい》。体育館《たいいくかん》は祝《いわ》いの紅白《こうはく》の幕《まく》がかけられたまま、約《やく》2000人《にん》が避難《ひなん》する、市内最大規模《しないさいだいきぼ》の避難所《ひなんじょ》となりました。

保健室《ほけんしつ》はけがや病気《びょうき》の市民《しみん》のための緊急《きんきゅう》の医療施設《いりょうしせつ》となり、校庭《こうてい》には給水車《きゅうすいしゃ》がやってきます。中学校《ちゅうがっこう》は震災《しんさい》で傷《きず》ついた市民《しみん》を支《ささ》える場所《ばしょ》になりました。

キーワード

高田第一中学校《たかただいいちちゅうがっこう》（旧陸前高田市立第一中学校《きゅうりくぜんたかたしりつだいいちちゅうがっこう》）

陸前高田市《りくぜんたかたし》の中心部《ちゅうしんぶ》に位置《いち》する市立中学校《しりつちゅうがっこう》。2011年《ねん》から何校《なんこう》かとの統合《とうごう》があり、2018年《ねん》4月《がつ》に高田第一中学校《たかただいいちちゅうがっこう》となった。矢作《やはぎ》、横田《よこた》、竹駒《たけこま》、気仙《けせん》、高田《たかた》の5つの町《まち》の小《しょう》学校《がっこう》の学区《がっく》から生徒《せいと》が通《かよ》い、それぞれの地域《ちいき》の伝統芸能《でんとうげいのう》や祭《まつ》りの活動《かつどう》を通《とお》して地域《ちいき》の人《ひと》たちと積極的《せっきょくてき》に交流《こうりゅう》している。統合《とうごう》により自分《じぶん》たちの新《あら》たな伝統《でんとう》をつくろうしている。

悲《かな》しみの中《なか》での活動《かつどう》

震災《しんさい》が起《お》きて学校《がっこう》は休校《きゅうこう》となりました。中学校《ちゅうがっこう》に残《のこ》っていたすべての生徒《せいと》を家族《かぞく》などに引《ひ》き渡《わた》すことができたのは2週間後《しゅうかんご》のことで、生徒《せいと》の中《なか》には家族《かぞく》や自宅《じたく》を失《うしな》った人《ひと》もいました。

校庭《こうてい》には仮設住宅《かせつじゅうたく》が建《た》ち並《なら》び、体育館《たいいくかん》は避難所《ひなんじょ》のまま、4月《がつ》22日《にち》から学校《がっこう》が再開《さいかい》します。仮設住宅《かせつじゅうたく》や避難所《ひなんじょ》から登校《とうこう》する生徒《せいと》もいました。そんな状況《じょうきょう》のなか、生徒《せいと》たちは避難所《ひなんじょ》の運営《うんえい》を手伝《てつだ》い、被災者《ひさいしゃ》のために合唱《がっしょう》をするなどの活動《かつどう》をしました。

仮設住宅《かせつじゅうたく》が建《た》つ校庭《こうてい》を自転車《じてんしゃ》で登校《とうこう》する生徒《せいと》。生徒《せいと》の右側《みぎがわ》には校《こう》舎《しゃ》がある。

仮設住宅《かせつじゅうたく》に暮《く》らす人《ひと》たちとの交流《こうりゅう》

高田第一中学校《たかただいいちちゅうがっこう》の校庭《こうてい》には2019年《ねん》3月《がつ》まで仮設住《かせつじゅう》宅《たく》があり、震災《しんさい》で家《いえ》を失《うしな》った人《ひと》たちが生活《せいかつ》をしていました。幼《おさな》いころから地域《ちいき》の人《ひと》たちに育《はぐく》まれてきた中学生《ちゅうがくせい》は、仮設住宅《かせつじゅうたく》に住《す》む人々《ひとびと》ともあいさつを交《か》わし、自然《しぜん》と仲《なか》よくなりました。仮設住宅《かせつじゅうたく》がなくなった後《あと》も交流《こうりゅう》が続《つづ》いています。

仮設住宅《かせつじゅうたく》に住《す》む女性《じょせい》たちが結成《けっせい》した「バッパダンサーズ」と一緒《いっしょ》にダンスをする生徒《せいと》たち。

2019年《ねん》4月《がつ》の「校庭開《こうていびら》き」。本来《ほんらい》の広《ひろ》さにもどった校庭《こうてい》でのびのびと鬼《おに》ごっこをした。生徒《せいと》のひとりは「高田第一中学校《たかただいいちちゅうがっこう》の校庭《こうてい》は復興事業《ふっこうじぎょう》の中《なか》でも最後《さいご》のほうの整備事業《せいびじぎょう》だったので、復興《ふっこう》が進《すす》んできたのだと実感《じっかん》しました」と言《い》いました。

9年《ねん》ぶりに、震災後初《しんさいごはじ》めて校庭《こうてい》で行《おこな》われた運動会《うんどうかい》。生徒《せいと》たちは「この広《ひろ》い校庭《こうてい》で行《おこな》われる運動会《うんどうかい》をかならず成功《せいこう》させたい」とちかいました。

毎月《まいつき》11日《にち》は「まもるくんの日《ひ》」

東日本大震災《ひがしにほんだいしんさい》のあった11日《にち》を「まもるくんの日《ひ》」と名《な》づけ、毎月《まいつき》11日《にち》は全校《ぜんこう》で安全《あんぜん》や安心《あんしん》について深《ふか》く考《かんが》える日《ひ》としています。

本《ほん》を読《よ》む、自分《じぶん》の生活《せいかつ》や行動《こうどう》をふり返《かえ》るなどのほか、生徒会《せいとかい》がイベントを行《おこな》う月《つき》もあります。たとえば「防災《ぼうさい》伝言《でんごん》ゲーム」では、生徒会《せいとかい》が給水《きゅうすい》の情報《じょうほう》を出《だ》し、それを口頭《こうとう》で伝《つた》えていきます。最後《さいご》の人《ひと》にたどり着《つ》くころには全《まった》くちがう情報《じょうほう》になってしまったグループがいくつもあり、正《ただ》しく情報《じょうほう》を伝《つた》えあうことの難《むずか》しさを知《し》りました。

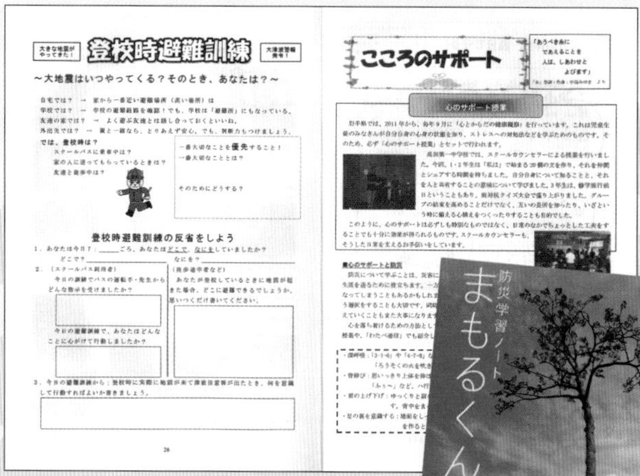

生徒《せいと》がデザインした防災《ぼうさい》キャラクターの「まもるくん」が活躍《かつやく》する「まもるくんノート」。書《か》きこみ式《しき》の防災学習《ぼうさいがくしゅう》資料《しりょう》となっている。

伝言《でんごん》ゲームでは、災害時《さいがいじ》にまちがった情報《じょうほう》が伝《つた》わると混乱《こんらん》や不安《ふあん》を拡大《かくだい》させてしまうことを学《まな》んだ。

イベントや学習《がくしゅう》の要点《ようてん》や感想《かんそう》、防災《ぼうさい》メモなどを書《か》いて、自分《じぶん》だけのノートをつくっていく。

「つなぐプロジェクト」でつながる人々《ひとびと》

高田第一中学校《たかただいいちちゅうがっこう》では、防災《ぼうさい》や復興《ふっこう》に関《かん》する活動全体《かつどうぜんたい》を「つなぐプロジェクト」と呼《よ》んでいます。朝顔《あさがお》の種《たね》を学《がっ》校《こう》で育《そだ》て、地域《ちいき》や支援《しえん》してくれた学校《がっこう》に苗《なえ》を配《くば》る「朝顔《あさがお》プロジェクト」や気仙町《けせんちょう》の伝統行事《でんとうぎょうじ》「けんか七夕太鼓《たなばただいこ》」への参加《さんか》、資源回収《しげんかいしゅう》のボランティアなど、その内容《ないよう》は実《じっ》にさまざま。同《おな》じ年代《ねんだい》の中学生《ちゅうがくせい》や下級生《かきゅうせい》、地域《ちいき》の人々《ひとびと》とつながることを意識《いしき》し、被災地《ひさいち》だからできる活動《かつどう》、だれかのためにできる活動《かつどう》をしています。

生徒《せいと》は「学年《がくねん》が下《さ》がるにつれて、震災《しんさい》を覚《おぼ》えていない人《ひと》、避難所《ひなんじょ》の場所《ばしょ》がわからない人《ひと》が増《ふ》えることがわかりました。先輩《せんぱい》の活動《かつどう》を引《ひ》きつぎ、防災意識《ぼうさいいしき》の高《たか》い学校《がっこう》にしていきたいです。」と語《かた》っていました。

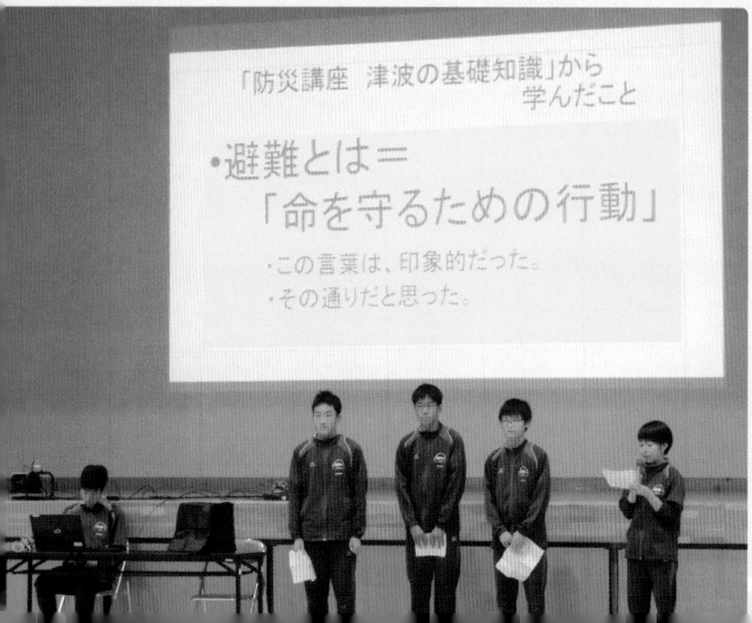

年《ねん》に1回《かい》、防災学習《ぼうさいがくしゅう》のまとめを学年《がくねん》ごとに発表《はっぴょう》する「つなぐ全校集会《ぜんこうしゅうかい》」では、自分《じぶん》の命《いのち》は自分《じぶん》で守《まも》る「自助《じじょ》」と、家族《かぞく》や学校《がっこう》、地域《ちいき》の人《ひと》と力《ちから》を合《あ》わせる「共助《きょうじょ》」の大切《たいせつ》さを再確認《さいかくにん》し、地域《ちいき》のためにできることを考《かんが》える。

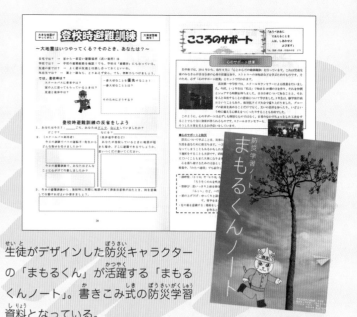

災害《さいがい》について学《まな》び続《つづ》ける

災害《さいがい》に強《つよ》いまちづくりのために、生徒《せいと》、保護者《ほごしゃ》、地域《ちいき》の人々《ひとびと》が防災《ぼうさい》について学《まな》ぶことができる講演会《こうえんかい》もたびたび開《ひら》かれています。大学《だいがく》の先生《せんせい》や市《し》の防災課《ぼうさいか》の職員《しょくいん》、防災士《ぼうさいし》などの講演《こうえん》では、話《はなし》を聞《き》くだけでなく、カードゲーム「避難所運営《ひなんじょうんえい》 HUG《ハグ》」なども体験《たいけん》もします。

1年生《ねんせい》の小野寺麻緒《おのでらまお》さんは、陸前高田市防災《りくぜんたかたしぼうさい》マイスター※の資格《しかく》を取得《しゅとく》しました。その知識《ちしき》を生《い》かして、講演《こうえん》と実習《じっしゅう》を行《おこな》いました。

※陸前高田市防災《りくぜんたかたしぼうさい》マイスター：市《し》の養成講座《ようせいこうざ》に参加《さんか》し、防災《ぼうさい》の知識《ちしき》や技術《ぎじゅつ》を習得《しゅうとく》した人《ひと》が認定《にんてい》される陸前高田市《りくぜんたかたし》の資格《しかく》。

防災《ぼうさい》マイスターの小野寺《おのでら》さん（発表者《はっぴょうしゃ》の左《ひだり》から2人目《ふたりめ》）が備蓄《びちく》について話《はな》したり、新聞紙《しんぶんし》でつくるスリッパの折《お》り方《かた》を教《おし》えたりした。

市《し》のハザードマップを見《み》ながらまちを歩《ある》き、問題点《もんだいてん》をまとめ、市《し》の防災課《ぼうさいか》へ提案《ていあん》した。

中学生《ちゅうがくせい》にできる活動《かつどう》を

市《し》のシンボルだった「高田松原《たかたまつばら》」の7万本《まんぼん》の松《まつ》は「奇跡《きせき》の一本松《いっぽんまつ》」と呼《よ》ばれる1本《ぽん》を残《のこ》して津波《つなみ》にさらわれてしまいました。そこで松《まつ》の苗《なえ》を植《う》える植樹活動《しょくじゅかつどう》に取《と》り組《く》んでいます。また、震災後《しんさいご》は全国《ぜんこく》からの支援《しえん》があり、その交流《こうりゅう》は今《いま》も続《つづ》いています。「恩送《おんおく》り」として、ほかの被災地《ひさいち》への支援《しえん》を積極的《せっきょくてき》に行《おこな》っています。

高田松原《たかたまつばら》に松《まつ》を植《う》える。植《う》えた後《あと》は、若《わか》い苗《なえ》がたおれないように添《そ》え木《ぎ》で支《ささ》え、まわりの草《くさ》刈《か》り作業《さぎょう》もしている。

商業施設《しょうぎょうしせつ》で行《おこな》ったチャリティーコンサート。

募金活動《ぼきんかつどう》で集《あつ》まった寄付《きふ》は、社会福祉協議会《しゃかいふくしきょうぎかい》を通《つう》じて「平成《へいせい》30年《ねん》7月豪雨《がつごうう》」の被災地《ひさいち》に届《とど》けられた。

※ここで紹介《しょうかい》した生徒《せいと》の学年《がくねん》はそれぞれの活動当時《かつどうとうじ》のものです。

津波災害《つなみさいがい》に備《そな》える

津波《つなみ》の発生《はっせい》は防《ふせ》げませんが、しっかりと備《そな》えることで、被害《ひがい》を小《ちい》さくすることはできます。「自助《じじょ》」「共助《きょうじょ》」「公助《こうじょ》」の役割《やくわり》を見《み》てみましょう。

自助《じじょ》 自分《じぶん》の命《いのち》は自分《じぶん》で守《まも》ること

共助《きょうじょ》 家族《かぞく》や学校《がっこう》、地域《ちいき》の人《ひと》と力《ちから》を合《あ》わせること
「自分《じぶん》たちのまちは自分《じぶん》たちで守《まも》る」

公助《こうじょ》 市区町村《しくちょうそん》などの公的機関《こうてききかん》が災害《さいがい》への対策《たいさく》を立《た》てたり、人々《ひとびと》の活動《かつどう》を支援《しえん》したりすること

ふだんからできる津波災害《つなみさいがい》への備《そな》え

自助《じじょ》

避難場所《ひなんばしょ》を確認《かくにん》

13ページ

ハザードマップを使《つか》って、海《うみ》や川《かわ》の近《ちか》くにいるとき、津波《つなみ》が発生《はっせい》したらどの方向《ほうこう》に避難《ひなん》するかを確認《かくにん》し、意識《いしき》しておく。避難場所《ひなんばしょ》を示《しめ》す看板《かんばん》も確認《かくにん》しておく。

家族《かぞく》で話《はな》し合《あ》う

家族《かぞく》が別々《べつべつ》の場所《ばしょ》にいるときに津波《つなみ》が起《お》きたら、どのように行動《こうどう》するか、どうやって連絡《れんらく》をとり合《あ》うか、ハザードマップを使《つか》って、事前《じぜん》に話《はな》し合《あ》っておく。

共助《きょうじょ》

地域《ちいき》の避難訓練《ひなんくんれん》に参加《さんか》する

15ページ

地域《ちいき》の避難訓練《ひなんくんれん》に参加《さんか》しておくと、避難経路《ひなんけいろ》や避難先《ひなんさき》を知《し》ることができる。また、いざというときに落《お》ち着《つ》いて行動《こうどう》や判断《はんだん》ができる。

地域《ちいき》の人《ひと》とあいさつをする

25ページ

ふだんから地域《ちいき》の人《ひと》とあいさつをして顔見知《かおみし》りになっておくと、災害時《さいがいじ》に手伝《てつだ》いが必要《ひつよう》な人《ひと》がわかったり、情報《じょうほう》を教《おし》え合《あ》ったりできる。

公助《こうじょ》

まちを守《まも》る施設《しせつ》を建設《けんせつ》する

11ページ

市区町村《しくちょうそん》は、津波《つなみ》からまちを守《まも》る防波堤《ぼうはてい》や防潮堤《ぼうちょうてい》をつくったり、津波《つなみ》が来《き》たときに上《のぼ》る津波避難《つなみひなん》タワーをつくったりする。

津波《つなみ》のときの支援準備《しえんじゅんび》をする

10ページ

市区町村《しくちょうそん》では、災害時《さいがいじ》の役割分担《やくわりぶんたん》や手順《てじゅん》を決《き》めておく。災害時《さいがいじ》に必《ひつ》要《よう》となる道具《どうぐ》や施設《しせつ》、食料《しょくりょう》を準備《じゅんび》して、使《つか》えるようにしておく。

津波《つなみ》が起《お》こったときにできること・行《おこな》うこと

自助《じじょ》 より高《たか》い場所《ばしょ》に避難《ひなん》する

→13ページ

津波《つなみ》からすばやくにげるには、「遠《とお》く」よりも「高《たか》く」を意識《いしき》し、できるだけ高《たか》い場所《ばしょ》への移動《いどう》を。建物《たてもの》なら5階以上《かいいじょう》に避難《ひなん》しよう。

自助《じじょ》 正《ただ》しい情報《じょうほう》を得《え》る

一度高台《いちどたかだい》に避難《ひなん》したのに、家《いえ》にもどって被災《ひさい》した例《れい》が多数《たすう》ある。津波警報《つなみけいほう》や注意報《ちゅういほう》を聞《き》いたら、解除《かいじょ》されるまでは避難《ひなん》を続《つづ》ける。

自助《じじょ》 率先《そっせん》して避難《ひなん》する

→17ページ

地震《じしん》のゆれがおさまると同時《どうじ》に避難《ひなん》を開始《かいし》する。避難《ひなん》する人《ひと》を見《み》た人《ひと》は、つられて避難《ひなん》するので、自分《じぶん》もまわりの人《ひと》の命《いのち》も守《まも》れる。

共助《きょうじょ》 助《たす》けが必要《ひつよう》な人《ひと》を手伝《てつだ》う

まずは自分《じぶん》の安全《あんぜん》を確保《かくほ》したうえで、まわりの状況《じょうきょう》を見《み》て、助《たす》けが必要《ひつよう》な人《ひと》がいたら「何《なに》かできることはありますか」と声《こえ》をかける。

共助《きょうじょ》 避難所《ひなんじょ》の活動《かつどう》に参加《さんか》する

→24ページ

家《いえ》にいるのが危険《きけん》なら、地域《ちいき》の避難所《ひなんじょ》に行《い》く。避難所《ひなんじょ》では寝《ね》る場所《ばしょ》をつくる、年下《としした》の子《こ》の相手《あいて》をするなど、できることはすすんで行《おこな》う。

公助《こうじょ》 救助《きゅうじょ》や復旧《ふっきゅう》の活動《かつどう》をする

→9ページ

災害時《さいがいじ》は、消防《しょうぼう》、警察《けいさつ》、自衛隊《じえいたい》などが人命救助《じんめいきゅうじょ》にあたる。その後《ご》は、市区町村《しくちょうそん》、企業《きぎょう》、ボランティアなどと協力《きょうりょく》して復旧作業《ふっきゅうさぎょう》を行《おこな》う。

公助《こうじょ》 情報《じょうほう》を発信《はっしん》する

→11ページ

市区町村《しくちょうそん》は、住民《じゅうみん》に対《たい》して、避難所《ひなんじょ》の場所《ばしょ》や注意《ちゅうい》が必要《ひつよう》な気象情報《きしょうじょうほう》を防災無線放送《ぼうさいむせんほうそう》、メール、WEB《ウエブ》サイトなどで発信《はっしん》する。

公助《こうじょ》 共助《きょうじょ》の支援《しえん》をする

→9ページ

市区町村《しくちょうそん》は、避難所《ひなんじょ》づくりや避難所《ひなんじょ》の運営《うんえい》を手伝《てつだ》うボランティアの活動《かつどう》を支援《しえん》する。企業《きぎょう》による協力《きょうりょく》の受《う》け入《い》れも行《おこな》う。

※「共助《きょうじょ》」を、医療《いりょう》、年金《ねんきん》、介護《かいご》など公的《こうてき》な制度《せいど》によるものとし、ボランティアや住民同士《じゅうみんどうし》の支《ささ》え合《あ》いを「互助《ごじょ》」と分《わ》けていう場合《ばあい》があります。

防災活動《ぼうさいかつどう》ワークシートの使《つか》い方《かた》

防災活動《ぼうさいかつどう》ワークシート

28～29ページの「ふだんからできる津波災害《つなみさいがい》への備《そな》え」「津波《つなみ》が起《お》こったときにできること・行《おこな》うこと」のうち、できたことにはチェックを入《い》れましょう。ほかにもできることや、やったことを空欄《くうらん》に書《か》きこみましょう。

28ページの「ふだんからできる津波災害《つなみさいがい》への備《そな》え」を見《み》て、できた項目《こうもく》にチェックを入《い》れよう。

≫ふだんからできる津波災害《つなみさいがい》への備《そな》え

できたことに✓を入《い》れましょう。

- [ ] 自助《じじょ》 避難場所《ひなんばしょ》を確認《かくにん》
- [ ] 自助《じじょ》 家族《かぞく》で話《はな》し合《あ》う
- [ ] 共助《きょうじょ》 地域《ちいき》の避難訓練《ひなんくんれん》に参加《さんか》する
- [ ] 共助《きょうじょ》 地域《ちいき》の人《ひと》とあいさつをする

上《うえ》の項目《こうもく》でしたことのまとめや、そのほかに「津波災害《つなみさいがい》への備《そな》え」のためにしたことを書《か》いてみよう。

【やったこと】地域《ちいき》の津波避難訓練《つなみひなんくんれん》に参加《さんか》した。

・家《いえ》からいちばん近《ちか》い避難場所《ひなんばしょ》はあかつき公園《こうえん》で、
公園《こうえん》のとなりのあかつき公民館《こうみんかん》が避難所《ひなんじょ》になる。

・避難《ひなん》のルートを２種類《しゅるい》考《かんが》えた。

・避難所運営《ひなんじょうんえい》ゲームをやった。

・お湯《ゆ》を入《い》れると食《た》べることができるごはん「アルファ米《まい》」を食《た》べた。

防災活動《ぼうさいかつどう》への取《と》り組《く》みを確認《かくにん》するために、裏表紙《うらびょうし》の裏側《うらがわ》にある「防災活《ぼうさいかつ》動《どう》ワークシート」を使《つか》ってみましょう。28～29ページの「ふだんからできる津波災害《つなみさいがい》への備《そな》え」「津波《つなみ》が起《お》こったときにできること・行《おこな》うこと」のうち、できたこと、理解《りかい》できたことにチェックを入《い》れましょう。ほかにもできることや、調《しら》べたことを空欄《くうらん》に書《か》きこんでみましょう。

このQR《キューアール》コードを読《よ》み取《と》ってWEB《ウェブ》サイトに行《い》くと、「防災活動《ぼうさいかつどう》ワークシート」がダウンロードできます。

https://www.kosaidoakatsuki.jp/archives/booktype/ehon-shop-library-school

記入日			学校名			名前
年	月	日		年	組	

記入《きにゅう》した日《ひ》と学校名《がっこうめい》、学年《がくねん》、クラス、名前《なまえ》を書《か》こう。

津波《つなみ》が起《お》こったときにできること・行《おこな》うこと

学習《がくしゅう》して理解《りかい》できたことに✓を入《い》れましょう。

- □ 自助《じじょ》 より高《たか》い場所《ばしょ》に避難《ひなん》する
- □ 自助《じじょ》 正《ただ》しい情報《じょうほう》を得《え》る
- □ 自助《じじょ》 率先《そっせん》して避難《ひなん》する
- □ 共助《きょうじょ》 助《たす》けが必要《ひつよう》な人《ひと》を手伝《てつだ》う
- □ 共助《きょうじょ》 避難所《ひなんじょ》の活動《かつどう》に参加《さんか》する

29ページの「津波《つなみ》が起《お》こったときにできること・行《おこな》うこと」を見《み》て、学習《がくしゅう》して理解《りかい》できた項目《こうもく》にチェックを入《い》れよう。

【やったこと】学校《がっこう》にいるときに地震《じしん》が起《お》こり、みんなで高台《たかだい》ににげた。

『避難《ひなん》したときのようす』

・津波《つなみ》を経験《けいけん》した人《ひと》の話《はなし》を思《おも》い出《だ》し、必死《ひっし》で階段《かいだん》を登《のぼ》った。

・教室《きょうしつ》にもどろうとしている子《こ》がいたので、「もどっちゃダメ」と言《い》っていっしょににげた。

・結局《けっきょく》、津波《つなみ》は来《こ》なかったので、よかった。

ほかにも、津波災害《つなみさいがい》が起《お》こったときに、できることを調《しら》べて書《か》いてみよう。実際《じっさい》に避難《ひなん》した経験《けいけん》があれば、それも書《か》いてみよう。

津波

わたしたちにできること②

ハザードマップをつくろう

自然災害《しぜんさいがい》の危険《きけん》がある場所《ばしょ》を地図《ちず》に示《しめ》した「ハザードマップ」。国《くに》や市区町村《しくちょうそん》が作成《さくせい》し、公開《こうかい》しています。これを元《もと》に、自分《じぶん》たちのハザードマップを作成《さくせい》しましょう。

1 ハザードマップを確認《かくにん》する

国土交通省《こくどこうつうしょう》の「ハザードマップポータルサイト」では、現在地《げんざいち》や住所《じゅうしょ》から地図《ちず》を検索《けんさく》し、自然災害《しぜんさいがい》リスクを調《しら》べたり、市区町村《しくちょうそん》が作成《さくせい》したハザードマップを見《み》たりできます。

ハザードマップポータルサイト
https://disaportal.gsi.go.jp/

2 まちを歩《ある》いて 避難場所《ひなんばしょ》や危険《きけん》な ところをチェックする

自分《じぶん》たちでつくるハザードマップは、そこで生活《せいかつ》しているからこそわかる、くわしい内容《ないよう》や地域《ちいき》ならではの情報《じょうほう》をもりこむことができます。実際《じっさい》にまちを歩《ある》き、防災《ぼうさい》を意識《いしき》してチェックしてみましょう。

まち歩《ある》きのチェックポイント

チェックしたところは地図《ちず》に書《か》きこむ、写真《しゃしん》を撮《と》るなどの方法《ほうほう》で記録《きろく》しよう。

- □ ○避難場所《ひなんばしょ》※はどこにあるか？
  ※地震《じしん》や津波《つなみ》のときに一時的《いちじてき》ににげこむ公園《こうえん》や広場《ひろば》のこと。
- □ ○避難所《ひなんじょ》※はどこにあるか？
  ※家《いえ》で生活《せいかつ》できなくなった人々《ひとびと》が避難《ひなん》できる体育館《たいいくかん》などのこと。
- □ ○避難場所《ひなんばしょ》に指定《してい》されていなくても、災害《さいがい》のときに、にげこめそうな場所《ばしょ》はあるか？
  （例《れい》）高台《たかだい》や５階以上《かいいじょう》の建物《たてもの》、広《ひろ》い空間《くうかん》など
- □ ○災害《さいがい》の時《とき》に役立《やくだ》つ施設《しせつ》はどこにあるか？
  （例《れい》）消防署《しょうぼうしょ》、消火栓《しょうかせん》、消火器《しょうかき》、防災備蓄倉庫《ぼうさいびちくそうこ》、病院《びょういん》、公衆電話《こうしゅうでんわ》、公衆《こうしゅう》トイレ、ＡＥＤ設置場所《エーイーディーせっちばしょ》　など
- □ ○公的《こうてき》なハザードマップで示《しめ》された危険《きけん》か所《しょ》はどのあたりか？
- □ ○自分《じぶん》たちで気《き》づいた危険《きけん》か所《しょ》はどこにあるか？
  （例《れい》）崩《くず》れそうな斜面《しゃめん》、浸水《しんすい》しそうな低地《ていち》、倒《たお》れそうなブロック塀《べい》

3 自分《じぶん》たちのハザードマップをつくる

大《おお》きな地図《ちず》を用意《ようい》し、チェックした内容《ないよう》を書《か》きこんだり、はったりして１枚《まい》にまとめましょう。地図《ちず》に色《いろ》を着《つ》けたり、写真《しゃしん》をはったりして、ひと目《め》でわかる工夫《くふう》をしましょう。あまり範囲《はんい》が広《ひろ》すぎるとまとめるのが難《むずか》しくなるので、歩《ある》いて移動《いどう》できる範囲《はんい》で考《かんが》えてみてください。

陸前高田市立高田第一中学校《りくぜんたかたしりつたかただいいちちゅうがっこう》２年生《ねんせい》がつくったハザードマップ。津波到達《つなみとうたつ》ラインや川《かわ》を津波《つなみ》がさかのぼることなどが記《しる》されている。避難場所《ひなんばしょ》の公園《こうえん》は「階段《かいだん》がきつい、スロープが必要《ひつよう》」など、まちを歩《ある》いて感《かん》じたことも盛《も》りこんだ。

4 わかったことをみんなに教《おし》えよう

ハザードマップはつくったら終《お》わりではなく、活用《かつよう》することが大切《たいせつ》です。クラスや学校《がっこう》、地域《ちいき》の人《ひと》たちに向《む》けて発表《はっぴょう》したり、意見交換《いけんこうかん》をしたりしましょう。つねに見《み》えるところにはり、いざというときに役立《やくだ》てましょう。

ハザードマップから始《はじ》まる活動《かつどう》

- すぐに対策《たいさく》をしたほうがよい場所《ばしょ》が見《み》つかったら、自主防災会《じしゅぼうさいかい》や市区町村《しくちょうそん》に提案《ていあん》する。
- わからないことがあったら、調《しら》べたり、防災《ぼうさい》の専門家《せんもんか》に質問《しつもん》したりする。
- だれでもわかりやすい地図《ちず》になるように、改良《かいりょう》を重《かさ》ねる。
- 避難経路《ひなんけいろ》を考《かんが》えて、実際《じっさい》に歩《ある》いてみる。

さくいん

あ

朝顔《あさがお》プロジェクト …… 26
安否《あんぴ》 …… 9、11
一次《いちじ》災害《さいがい》 …… 7
WEB《ウェブ》サイト …… 20、29、31
SNS《エスエヌエス》 …… 9
塩害《えんがい》 …… 7
大雨《おおあめ》 …… 12、15
長部《おさべ》地区《ちく》自主防災会《じしゅぼうさいかい》 …… 12、13、14、15
恩送《おんおく》り …… 23、27

か

仮設住宅《かせつじゅうたく》(団地《だんち》) …… 17、18、24、25
学校植樹会《がっこうしょくじゅかい》 …… 22
気象庁《きしょうちょう》 …… 5
奇跡《きせき》の一本松《いっぽんまつ》 …… 27
給水車《きゅうすいしゃ》 …… 24
共助《きょうじょ》 …… 26、28、29、30、31
行政丸《ぎょうせいまる》ごと支援《しえん》 …… 10
クロスロードカード …… 18
けんか七夕太鼓《たなばただいこ》 …… 26
検潮所《けんちょうしょ》 …… 5
公助《こうじょ》 …… 28、29
洪水《こうずい》 …… 12、15
校庭開《こうていびら》き …… 25
公民館《こうみんかん》 …… 12、14、30
国土交通省《こくどこうつうしょう》 …… 32
互助《ごじょ》 …… 29

さ

災害拠点《さいがいきょてん》 …… 24
災害対策本部《さいがいたいさくほんぶ》 …… 8、9、10、11
桜《さくら》ライン311 …… 20、21、22、23
J《ジェイ》アラート …… 11
自衛隊《じえいたい》 …… 9,29
市区町村《しくちょうそん》 …… 10、11、23、28、29、32、33
自主防災会《じしゅぼうさいかい》 …… 12、13、14、15、33
自主防災組織《じしゅぼうさいそしき》 …… 8、23
自助《じじょ》 …… 26、28、29、30、31
地震《じしん》 …… 8、11、12、15、17、29
自然災害《しぜんさいがい》 …… 19、23、32
社会福祉協議会《しゃかいふくしきょうぎかい》 …… 27
浄土寺《じょうどじ》 …… 21
消防《しょうぼう》 …… 29
消防署《しょうぼうしょ》(消防団《しょうぼうだん》) …… 9、11、12、32
消防防災《しょうぼうぼうさい》センター …… 11、14
昭和三陸地震津波《しょうわさんりくじしんつなみ》 …… 4、5、8、13、16
植樹会《しょくじゅかい》 …… 20、22
浸水《しんすい》 …… 12、32

た

台風《たいふう》 …… 15
高台《たかだい》 …… 8、9、10、12、13、14、16、17、21、29、31、32
高田第一中学校《たかただいいちちゅうがっこう》 …… 10、24、25、26、33
高田松原《たかたまつばら》 …… 27
チャリティコンサート …… 27
チリ地震津波《じしんつなみ》 …… 5、8、13、16
潮位《ちょうい》 …… 11
つなぐ全校集会《ぜんこうしゅうかい》 …… 26
つなぐプロジェクト …… 26
TSUNAMI《つなみ》 …… 4

津波火災《つなみかさい》……7
津波観測計《つなみかんそくけい》……5
津波警報《つなみけいほう》……13、29
津波情報《つなみじょうほう》……11
津波伝承館《つなみでんしょうかん》……19
津波《つなみ》てんでんこ……16、19
津波《つなみ》(の)到達地点《とうたつちてん》……19、20、21
津波避難《つなみひなん》タワー……28
土石流《どせきりゅう》……15

な

長洞元気学校《ながほらげんきがっこう》……17
長洞元気村《ながほらげんきむら》……16、17、18、19
長洞未来会議《ながほらみらいかいぎ》……17
なでしこ会《かい》……19
二次災害《にじさいがい》……7

は

ハザードマップ……13、27、28、32、33
ハザードマップポータルサイト……32
バッパダンサーズ……25
東日本大震災《ひがしにほんだいしんさい》……4、5、8、9、10、12、13、14、15、16、22、23、24、26
避難訓練《ひなんくんれん》……10、13、15、17、28、30
避難経路《ひなんけいろ》……10、28、33
避難所《ひなんじょ》……14、15、23、24、25、26、29、30、31、32
避難所運営《ひなんじょうんえい》HUG《ハグ》……24、27
避難所《ひなんじょ》(の)運営《うんえい》……15、24、25
避難場所《ひなんばしょ》……13、14、17、28、30、32、33
避難《ひなん》マニュアル……10
復興工事《ふっこうこうじ》……21
プレート(海《うみ》のプレート・陸《りく》のプレート・太平洋《たいへいよう》プレート・フィリピン海《かい》プレート・北米《ほくべい》プレート・ユーラシアプレート)……6
プレハブ……10、11
分宿避難《ぶんしゅくひなん》……17
平成《へいせい》30年《ねん》7月豪雨《がつごうう》……27
防災学習《ぼうさいがくしゅう》……26
防災教育《ぼうさいきょういく》……10、16、18、20
防災訓練《ぼうさいくんれん》……8、12
防災士《ぼうさいし》……23、27
防災伝言《ぼうさいでんごん》ゲーム……26
防災《ぼうさい》ピクニッククルージング……18
防災備蓄倉庫《ぼうさいびちくそうこ》……32
防災無線《ぼうさいむせん》(放送《ほうそう》)……9、11、14、15、29
防災《ぼうさい》ワークショップ……16、18、19
防潮堤《ぼうちょうてい》……7、13、18、20、28
防波堤《ぼうはてい》……7、28
ボランティア(活動《かつどう》)……18、23、26、29
ポンプ車《しゃ》……15

ま

マグニチュード……4
まもるくんノート……26
まもるくんの日《ひ》……26
無線連絡《むせんれんらく》……9
明治三陸地震津波《めいじさんりくじしんつなみ》……4、5、8、13、16
メール……9、29

ら

陸前高田市防災《りくぜんたかたしぼうさい》マイスター……27
陸前高田市役所《りくぜんたかたしやくしょ》……8、11、14

監修　片田敏孝《かただとしたか》　東京大学大学院情報学環特任教授　日本災害情報学会会長

内閣府中央防災会議「災害時の避難に関する専門調査会」委員
文部科学省「科学技術・学術審議会」専門委員
総務省消防庁「消防審議会」委員
国土交通省「水害ハザードマップ検討委員会」委員長
気象庁「気象業務の評価に関する懇談会」委員 などを歴任
主な著書
『人が死なない防災』（集英社新書）
『3.11 釜石からの教訓　命を守る教育』（PHP 研究所）
『子どもたちに「生き抜く力」を　～釜石の事例に学ぶ津波防災教育～』（フレーベル館）
『みんなを守るいのちの授業　～大つなみと釜石の子どもたち～』（NHK 出版）

企画・編集	オフィス 303（常松心平、中根会美）、石川実恵子
撮影	豊川しおり
装丁・本文デザイン	倉科明敏（T. デザイン室）
執筆	石川実恵子（p 8 ～ 11、24 ～ 27、32 ～ 33）、山﨑風雅（p12 ～ 23）
イラスト	山口正児
協力	陸前高田市、長部地区自主防災会、一般社団法人 長洞元気村、 認定特定非営利活動法人 桜ライン 311、陸前高田市立高田第一中学校

★掲載順、敬称略。

自然災害《しぜんさいがい》から人々《ひとびと》を守《まも》る活動《かつどう》 2　津波災害《つなみさいがい》

2020 年 3 月 30 日　第 1 刷発行

監　修	片田敏孝
発行所	廣済堂あかつき株式会社 〒 176-0021 東京都練馬区貫井 4-1-11 TEL 03-3825-9188（代表）　FAX 03-3825-9187 https://www.kosaidoakatsuki.jp/
印刷・製本	株式会社廣済堂

© Kosaido Akatsuki 2020 Printed in Japan　NDC 369.3　36p　29×23cm　ISBN978-4-86702-024-1

防災活動《ぼうさいかつどう》ワークシート

28～29ページの「ふだんからできる津波災害《つなみさいがい》への備《そな》え」「津波《つなみ》が起《お》こったときにできること・行《おこな》うこと」のうち、できたことにはチェックを入《い》れましょう。ほかにもできることや、やったことを空欄《くうらん》に書《か》きこみましょう。

≫ふだんからできる津波災害《つなみさいがい》への備《そな》え

できたことに✓を入《い》れましょう。

- □ 自助《じじょ》 避難場所《ひなんばしょ》を確認《かくにん》
- □ 自助《じじょ》 家族《かぞく》で話《はな》し合《あ》う
- □ 共助《きょうじょ》 地域《ちいき》の避難訓練《ひなんくんれん》に参加《さんか》する
- □ 共助《きょうじょ》 地域《ちいき》の人《ひと》とあいさつをする